技工院校电子商务专业教材
中等职业学校电子商务专业教材

网络营销

徐晓晴　主编

中国劳动社会保障出版社

简介

本教材介绍了网络营销认知、网络营销准备、网络营销策略、网络营销方式、网络营销效果评估优化与维护等内容。教材以“模块—学习单元”形式编写，语言简练通俗，内容图文并茂，易于学生理解并将理论转化为实践，从而适应职业岗位的需要。

本教材由徐晓晴任主编，胡青玲、王韩飞、毛宇丹、李冉、陈南峰、陈红琳、杨俊红参与编写。

图书在版编目（CIP）数据

网络营销 / 徐晓晴主编. -- 北京：中国劳动社会保障出版社，2024. --（技工院校电子商务专业教材）（中等职业学校电子商务专业教材）. -- ISBN 978-7-5167-6655-2

Ⅰ. F713.365.2

中国国家版本馆 CIP 数据核字第 202433G612 号

中国劳动社会保障出版社出版发行

（北京市惠新东街 1 号　邮政编码：100029）

*

河北宝昌佳彩印刷有限公司印刷装订　　新华书店经销

787 毫米 ×1092 毫米　16 开本　11.25 印张　211 千字

2024 年 12 月第 1 版　　2024 年 12 月第 1 次印刷

定价：27.00 元

营销中心电话：400-606-6496

出版社网址：https://www.class.com.cn

https://jg.class.com.cn

前言

近年来，电子商务已经全面融入我国生产生活各领域，成为提升人民生活品质和推动经济社会发展的重要力量。电子商务的新业态、新模式发展也创造了大量新职业、新岗位，对电子商务从业人员的职业素质提出了新要求。为了培养更加符合电商技术领域和职业岗位（群）工作要求的高素质应用型人才，我们组织有关行业企业专家、职业院校电商专业学科带头人、骨干教师，依据电子商务师国家职业技能标准和企业实际需求，对全国中等职业院校电子商务专业教材进行了改版。

改版后的教材具有以下主要特点：

1. 着眼电商企业新技术、新业态发展，构建满足企业用人需求的专业教材体系

本套教材立足电商企业技术服务与运营推广的岗位架构，围绕电商直播、短视频制作与推广、跨境电子商务等新技术与新业态，构建了由专业基础课程教材、专业核心课程教材和专业拓展课程教材组成的教材体系，主要包括《电子商务基础（第二版）》《电子商务法律法规（第二版）》等专业基础课程教材，《电子商务网页图像制作（Adobe Photoshop 软件应用）》《商品图片拍摄与处理（第二版）》《网店美工（第二版）》《短视频制作》《电

子商务安全技术（第四版）》《电子商务网页设计（第三版）》《电子商务数据采集与处理》等技术与服务类专业核心课程教材，《网店运营实务（第二版）》《网络营销（第四版）》《网店推广》《电子商务客户服务（第二版）》《跨境电子商务运营实务》《电子商务文案写作》《电商直播》等运营与推广类专业核心课程教材，以及《电子商务会计》《电子商务物流》等专业拓展课程教材，以岗位工作为导向，以综合职业能力为核心，培养符合企业需求的电商应用型人才。

2. 积极创新教材编写模式，注重实践能力培养

在教材研发过程中，坚持产教融合、工学一体的职业教育理念，对于技术技能型课程，积极探索按照职业领域典型工作任务，以工作过程为主线，以综合职业能力为目标，体现项目导向、任务驱动、工学结合的教学设计。对于专业理论课程，则尽可能多地引入企业真实案例、素材等，以提高学生的工作实践能力。

3. 开发多种教学资源，提供优质教学服务

在教学服务方面，围绕主教材，配套开发电子课件和相应的习题册，并对重点核心课程开发操作演示视频、微课、素材库等数字资源，方便教师教学和学生自主学习。电子课件及习题册答案可登录技工教育网（https://jg.class.com.cn）查询下载，数字化配套产品扫描书中二维码即可在线观看。

4. 丰富教材表现形式，提高教材可读性

教材的表现形式符合职业院校学生的认知规律。通过清晰的栏目设置，增强教材的表现力，并尽可能多地以图表代替大段冗长的文字叙述，使教学内容直观明了，降低学习难度。同时，对部分教材采用四色印刷，以增强教材内容的表现效果，提高教材的时代性和可读性。

本套教材的编写工作得到了有关学校的大力支持，教材的编审人员做了大量的工作，在此我们表示衷心的感谢！同时，恳切希望广大读者对教材提出宝贵的意见和建议。

编者

目录

模块四　网络营销方式

模块五　网络营销效果评估优化与维护

模块一
网络营销认知

模块概述

网络营销作为企业整体营销战略的关键环节，充分利用了互联网的特性开展市场营销活动。需要明确的是，网络营销并不简单等同于网上销售，而是贯穿企业网上经营活动的始终。它是企业根据网上客户的需求，围绕其实施的一系列经营策略与行动的总称。在网络营销中，客户的需求与主导地位被充分尊重和体现。同时，随着互联网技术的不断发展和客户网上行为习惯的持续变迁，网络营销的策略和手段也在不断革新与发展。

本模块旨在系统介绍网络营销的基本概念与内涵，展望其未来的发展趋势与前景。通过将网络营销的理论知识与实际工作场景紧密结合，学生能够更直观地理解并应用这些知识，从而对网络营销形成深刻认知，产生浓厚兴趣。

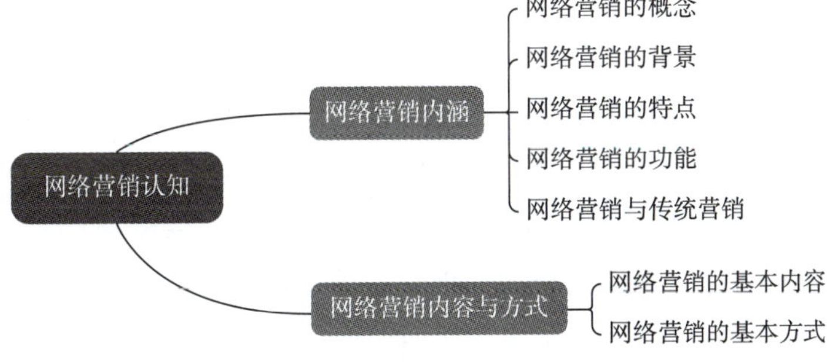

学习单元 1　网络营销内涵

学习目标

- **知识目标**

1. 了解网络营销的概念。
2. 了解网络营销的背景。
3. 了解网络营销的特点。
4. 熟悉网络营销与传统营销的异同。

- **技能目标**

1. 能陈述网络营销的定义。
2. 能根据网络营销的背景做出行业判断。

相关知识

一、网络营销的概念

从营销学的角度出发，网络营销可定义为以网络（计算机网络和移动端网络）为基本运行环境，借助于信息技术和手段，并依托网上各种资源开展的一种营销活动。具体来说，网络营销是以互联网为核心平台，以网络客户为中心，以市场需求和认知为导向，利用各种网络应用技术实现企业营销目的的一系列行为。

二、网络营销的背景

网络营销的兴起与互联网的蓬勃发展紧密相连。自 20 世纪 90 年代初期互联网逐渐融入人们的日常生活以来，其商业价值逐渐受到企业的重视，众多企业开始积极探寻互联网上的商业机会。21 世纪初期，电子商务的迅速崛起促使更多企业将业务拓展至互联网领域，网络营销应运而生。借助互联网的强大力量，企业不仅能精确锁定目标客户群体，还能更高效地传递品牌形象和产品信息，实现与市场的紧密互动。

2023 年 8 月 28 日，中国互联网络信息中心（CNNIC）在京发布第 52 次《中国互联网络发展状况统计报告》：截至 2023 年 6 月，我国网民规模达 10.79 亿人，较 2022 年 12 月增加 1 109 万人，互联网普及率达 76.4%；我国手机网民规模达 10.76

亿人，较 2022 年 12 月增加 1 109 万人，网民使用手机上网的比例为 99.8%。

互联网、电子商务的飞速发展和智能互联的广泛应用，改变了人们生活、学习、工作和交流的环境，网络（计算机网络和移动端网络）已成为越来越多企业之间、企业与客户之间进行信息沟通和贸易活动的重要平台。这种变化对企业传统的经营理念和营销方式造成了强烈的冲击，以信息技术为核心的网络营销正在逐步成为现代企业营销发展的新趋势。

三、网络营销的特点

1. 全球化

传统营销通常在限定的市场区域内开展，然而，互联网的开放性为世界各地的生产者与客户构建了一个名副其实的全球化交易市场。这一变革意味着网络营销是在无国界限制、高度开放且全球化的环境中进行的。在这样的背景下，企业得以在更为广阔的市场空间中布局其营销活动，而客户也能享受到前所未有的市场选择多样性。但与此同时，全球化市场环境也带来了挑战：由于民族文化、生活习惯的差异，市场需求呈现出更为复杂和多样化的特点。此外，各国在法律、经济政策、企业经营策略、技术环境乃至语言上的差异，都成为网络营销必须面对和解决的现实问题。

2. 交互性

互联网作为一种新型工具，不仅能够实现以客户为中心的高层次营销战略，更因其一对一的互动特性，为网络营销的互动沟通提供了得天独厚的条件。与传统营销的强制性交互方式不同，网络营销的互动性赋予了客户更多的主动权。客户不再仅仅是企业营销活动的被动接受者，而是转变为企业营销活动的积极参与者乃至主导者。这一转变不仅从根本上改变了企业进行市场调研、促销活动、客户关系管理以及直销的方式，而且使企业能够借助互联网及数据库技术深入剖析客户行为。企业可以根据客户的独有特征和需求，提供量身定制的产品与服务，同时及时收集并响应客户反馈，充分满足他们对尊重和实现自我价值的渴望。这种深度的沟通方式不仅有助于企业与客户建立稳固的关系，还能实现市场的精细化分类，从而使以客户为主导的个性化营销成为可能。

3. 整合性

网络营销是一个有效整合多元资源的过程。通过互联网，企业不仅能对各项营销活动进行统一的规划与协调，还能实现多种营销手段、方法和渠道的有机融合。这种整合使得营销活动能够贯穿于企业经营的始终，成为企业内各部门协同努力的方向。实践证明，网络营销的这种整合性显著提升了企业的竞争力，整合后所带来的增值效应亦十分明显。

4. 经济性

理论研究与实践均证实，成功的网络营销能有效降低企业经营成本、提升利润。网络营销的经济性及其所带来的显著成效正逐步显现。这种经济性源于多个因素，如资源的广泛覆盖、交易双方沟通的日益便捷、市场开拓费用的显著降低，以及无形资产在网络环境中的增值延伸等。

5. 无时间、空间限制

营销的最终目标是占据市场份额。由于互联网具备突破时空限制进行信息交换的特性，企业因此获得了更充裕的时间和更广阔的空间开展营销活动，能够提供全天候、全球范围内的营销服务。

6. 信息多媒体化

互联网能够传输包括文字、声音、图片、视频等多种类型的媒体信息，这为交易过程中的信息交换提供了多样化的形式。这一特点极大地激发了营销人员的创造性和能动性，使他们能够充分发挥自己的才华。

7. 人性化服务

网络营销以其一对一、理性、客户主导的特性，成为一种低成本且充满人性化的促销方式。它摒弃了传统的强行推销模式，转而通过信息提供和交互式沟通，与客户建立起长期且良好的关系。

8. 全程销售渠道

网络营销能够实现从商品信息发布到收款、售后服务等一系列流程的无缝衔接，因而被视为一种全方位的营销。此外，借助互联网的力量，企业可以对不同的营销活动进行统筹规划与协调执行，确保以统一、一致的方式向目标客户传递信息，从而有效规避传播渠道差异可能带来的负面影响。

四、网络营销的功能

网络营销的主要功能包括营销决策支持、网络营销传播、品牌价值扩展与延伸、市场渠道开拓、特色服务、客户关系管理和节约成本等。

1. 营销决策支持功能

营销决策支持功能主要由网络市场调研和营销环境监测两大子功能构成。其中，网络市场调研主要依赖于在线调查，同时也涵盖了对网络虚拟市场特性的线下调研，以及在线下进行的、旨在提高在线调查准确性的辅助性调查。在线调查以其高效、迅速、低成本和广泛覆盖的特点，展现出以往任何调查形式都无法比拟的优势。同样，利用互联网进行营销环境监测也具备这些显著优势。这两大功能的强化，为企业科学决策提供了数据支撑，进而提升企业快速应对市场变化的能力。

2. 网络营销传播功能

网络营销的传播功能是其对营销领域的重大贡献，主要包含网络广告与网络公共关系两个方面。企业可通过 Web 站点、电子邮件、网络论坛、微博、微信、QQ 等多种方式，有针对性地与客户构建双向传播渠道。此外，这些渠道还能帮助企业获取客户及各方利益相关者的需求信息和其他重要资讯。

3. 品牌价值扩展与延伸功能

某广告专家曾预言："未来营销的核心将是品牌竞争，市场的占有比工厂的拥有更为重要。而占领市场的关键，就在于拥有主导市场的品牌。"互联网不仅为企业的品牌注入了新的生命力，也进一步推动了品牌的扩展与传播。互联网在重塑企业品牌形象、增强品牌核心竞争力方面，具有其他媒介无法替代的独特效果与作用。

4. 市场渠道开拓功能

传统营销中常见的各种经济壁垒、地区封锁、人为设置的障碍、交通阻碍以及信息不畅等问题，在网络营销的环境下都得到了有效解决。企业可以借助网络实时了解市场动态、掌握价格走势，全面获取新产品和新技术的信息，从而迅速捕捉潜在的商业机会。此外，企业还可以将产品或服务的信息发布到网络上，通过图文并茂的方式展示，供潜在客户查询，进而促成交易。同时，网络系统还能自动记录客户的查询历史、反馈信息和订货数据。

5. 特色服务功能

网络营销提供了一种独特的服务功能，它不仅拓展了传统营销的内涵，还延伸了其外延。客户可以通过多种简单便捷的形式，如常见问题解答（FAQ）、邮件列表、BBS 聊天室、阿里旺旺、微信等，获取即时的信息服务。同时，客户还能享受到在线订购、在线支付等可选择性服务，以及各种根据客户需求量身定制的个性化服务。这些服务的拓展与延伸，极大地提升了客户的满意度，实现了以客户为中心的营销理念，并为建立高忠诚度的客户群体提供了一条有效途径。

6. 客户关系管理功能

在市场竞争日趋激烈的背景下，客户已成为企业不可或缺的战略资源。客户关系管理作为一种新型的管理模式，旨在优化企业与客户之间的关系，并已上升为企业重要的经营策略。在传统环境中，由于各种条件限制，许多企业进行客户资源管理时显得捉襟见肘。然而，在网络营销领域，通过客户关系管理，企业得以将客户资源管理、销售管理、市场管理、服务管理以及决策管理有机地结合在一起，使原本分散、各自为战的计划、销售、市场、售前及售后服务与业务得以统一协调。此举不仅有助于企业追踪订单、有序监控订单执行流程、规范销售行为、洞察新老客户需求并提升客户资源的总体价值，还能消除销售障碍，辅助企业调整营销策略，系统地收集、整理并分析客户的反馈信息，从而全面提高企业的核心竞争力。此外，客户关系管理系统还配备了强大的统计分析功能，为管理层提供决策支持，以减少或避免经营上的失误，进而提升企业的经济效益。值得强调的是，网络营销中的客户关系管理并非仅限于网络客户，借助互联网进行全面、系统的客户关系管理已成为信息时代企业营销活动的核心组成部分。

7. 节约成本功能

利用互联网，可以图文并茂地展示产品目录和企业动态，这些信息可以随时随地进行更新，从而节省了打样、印刷、邮寄以及广告等方面的成本。通过电子邮件或其他即时通信工具进行沟通，不仅方便快捷，而且具有很强的互动性，这大大节省了通信费用。此外，通过互联网，企业可以更深入地了解潜在客户，避免盲目行动，从而能够有针对性地拜访客户，节省了差旅费、招待费以及人力成本。

五、网络营销与传统营销

网络营销作为一种新兴的营销渠道，其目的并不是完全取代传统的营销方式，而是通过信息技术的运用，创新和发展营销渠道。无论是网络营销还是传统营销，其最终目标都是致力于满足客户的需求和期望，并围绕产品、价格、促销以及分销渠道实施策略。在明确两者差异的基础上，若能将它们相互结合、协同作用，将会取得更为显著的营销成效。

1. 管理重点不同

传统营销管理侧重于 4P（产品、价格、渠道和促销）的组合策略，而现代营销管理则更注重 4C（客户、成本、便利和沟通）的理念。但不论秉持哪种观念，企业都必须实施全程营销，即从产品设计阶段就开始充分考虑和满足客户的需求与意愿。

2. 购买过程不同

网络营销简化了购买流程。在售前环节，网络为客户提供详尽的产品信息及相关资料（如质量认证、专家评价等），且操作界面友好、清晰易懂。客户可以在对比各类产品的性价比后，作出明智的购买决策。在售中环节，客户无须驱车远赴商场，也无须在付款时排队等待，更不用为送货安排而烦恼。他们只需要在家中浏览虚拟商店，使用电子货币结算，商品便会送至指定地点。在售后环节，若客户在使用过程中遇到问题，可随时与卖方联系，迅速获得卖方的技术支持与服务。

3. 网络营销与传统营销的整合

网络营销以高新技术为载体，源于传统营销并在其基础上发展而来。它不仅运用传统营销的基本概念、理论体系和实践方法，还进一步丰富和拓展了传统市场营销的范畴。因此，在实施网络营销时，应依托传统市场，采取客观、实事求是的态度，而非全盘否定传统营销方式。网络营销并非提高企业销售量的唯一途径，它与传统营销共同助力企业整体营销战略发挥最大效用。

网络营销与传统营销的融合应是全方位、多层面的，涵盖战术与战略、资源与手段等各个方面。这是实现两种营销方式有效整合的基本原则。为适应环境和市场变化，企业必须从战略高度，以长远视角和全局观念研究营销问题并策划营销活动。因此，战略层面的整合要求企业将网络营销和传统营销视为一个统一的营销战略体系进行规划和实施。

案例启示

远离大众视野后突然“出圈”的鸿星尔克

就在人们普遍认为鸿星尔克将如其他日渐衰落的品牌一样，逐渐淡出公众视野之际，它在 2021 年 7 月 20 日河南暴雨事件后默默捐赠了 5 000 万元。这一善举使得鸿星尔克重新回到了公众的视野中。

鸿星尔克的这一慷慨捐赠引发了网友们的广泛关注和热烈讨论。他们纷纷在社交媒体上留言，表示惊讶与感动。尽管鸿星尔克表示希望“将宣传资源留给更需要被关注的灾区”，但数千万网友却自发地为鸿星尔克做起了宣传，推动其相关话题迅速攀升至微博热搜。

当晚，鸿星尔克的直播间被热情高涨的网友们挤爆。尽管主播不断呼吁大家“理性消费”，但网友们却进行了一场前所未有的“野性消费”。结果，这场直播的观看次数超过了两百万次，点赞数更是超过两千万次，销售额也达到了百万元。这一成绩使得该直播间冲上了当日淘宝热搜主播榜的榜首。在抖音平台上，鸿星尔克的表现更是令人瞩目。截至 2021 年 7 月 24 日傍晚，其抖音直播间在短短 53 小时内，累计观看人数竟达到惊人的 1.48 亿人次，总销售额也超过了 1 亿元。

有分析指出，虽然目前“慈善”这一标签与鸿星尔克紧密相连，为其带来了显著的正面效应，但仅仅依赖慈善事件实现品牌的持续火爆并非长久之计。值得欣慰的是，近年来鸿星尔克一直紧跟时代潮流，深入洞察年轻客户的心理需求，并据此不断调整其网络营销策略。统计数据显示，2021 年 7 月至 2022 年 7 月，鸿星尔克在社交媒体上积极尝试新玩法，其相关话题登上微博热搜三十余次。

学习活动

● 活动 1　阅读“相关知识”，从背景、优势、趋势三个方面归纳出网络营销成为当今主流营销方式的原因，填写表 1-1-1。

表 1-1-1　网络营销分析

	网络营销成为当今主流营销方式的原因
背景	
优势	
趋势	

● 活动 2　在网上搜集资料，精心挑选一家在网络营销方面表现卓越的企业作为案例研究对象。通过对该企业营销策略的深入剖析，全面理解网络营销的核心理念，并深刻领会网络营销在不同场景下的实际应用。

学习评价

根据学习单元评价表（见表 1-1-2），学生完成自我小结并进行自我评分，教师根据学生活动情况进行点评并完成教师评分，最后按自我评分 ×40%+ 教师评分 ×

60% 计算得分。

表 1-1-2　学习单元评价表

学习单元	网络营销内涵				
模块	评价内容	配分	自我评分	教师评分	得分
知识技能	了解网络营销的概念和背景	10			
	了解网络营销的特点	10			
	熟悉网络营销与传统营销的异同	10			
	能陈述网络营销的定义	10			
	能根据网络营销的背景做出行业判断	20			
职业素养	具备信息收集和处理的能力	10			
	具备一定的团队合作和沟通能力	10			
	工作态度认真、细致、严谨	10			
	具备一定的创新能力	10			
任务评价				合计得分	

学习单元 2　网络营销内容与方式

学习目标

知识目标

1. 了解网络营销的基本内容。
2. 熟悉网络营销的基本方式。

技能目标

能对企业的网络营销内容与方式进行正确的分析。

相关知识

一、网络营销的基本内容

1. 网络市场调查

开展网络市场调查，主要是借助相关调查手段，深入探究企业所处的市场环境，全面分析客户需求、市场趋势及竞争对手情况，同时，详细研究客户在网络环境中的行为特征，如客户群体属性、购买动机与行为模式等，从而为企业营销策略的制定提供有力依据。

2. 网络营销策略制定

在网络营销策略制定环节，企业应基于市场环境分析和客户行为研究的结果，确立相应的网络营销策略。这涉及选择目标市场、明确市场定位等关键环节，以确保策略的有效性和针对性。

3. 网络产品策略制定

在网络产品策略制定环节，企业应明确在网络环境中提供的产品与服务范畴，涵盖产品的筛选、设计、开发、包装及全方位的售前、售中、售后服务，旨在全面满足客户的多样化需求和期望，提升客户满意度。

4. 网络价格营销策略制定

在网络价格营销策略制定环节，企业应综合考虑市场环境、客户心理及产品特性等诸多因素，制定合理的价格策略，如低价促销策略、个性化定价策略等，以有效推动营销目标的实现。

5. 网络渠道策略制定

在网络渠道策略制定环节，企业应根据实际，开辟适宜的网络营销渠道，如选择官方网站、利用电商平台和社交媒体等多元化途径，并通过这些渠道，以直销方式使优质产品和服务直接触达客户，提升销售效率。

6. 网络促销策略制定

在网络促销策略制定环节，企业应运用网络广告、优惠券、限时特惠等促销手段，有效吸引客户关注，激发其购买意愿，旨在提升产品的市场知名度和销售业绩，增强品牌影响力。

7. 网络营销效果评估与优化

在网络营销效果评估与优化环节，企业应对整个网络营销流程进行全面管理和监控，包括营销计划的制订、资源的合理配置、效果的实时跟踪及绩效的综合评估，确保网络营销活动的顺利进行和目标的圆满达成，同时不断优化策略以适应市场变化。

二、网络营销的基本方式

网络营销手段丰富多样，以下是几种主流的网络营销方式：

1. 病毒营销

病毒营销凭借其高效且低成本的特点，成为众多企业的营销选择。它通过创造富有趣味性和独特性的内容，并利用用户的社交网络进行广泛传播，从而有效实现品牌曝光和产品销售等核心营销目标。企业在实施病毒营销的过程中，必须遵循一定的原则，并对细节进行精心处理。

2. 事件营销

事件营销借助具有广泛影响力的事件，吸引媒体和公众的注意，进而提升企业的品牌知名度、美誉度，并有效推动产品销售，是一种兼具效率和创新性的营销策略。

3. 口碑营销

口碑营销主要依赖于客户之间的口碑传播，其特点在于客户深度参与并充分信任、传播范围广泛，同时成本效益也相对较高。

4. 创意广告营销

创意广告营销的核心在于创意，通过设计独特的广告形式和引人入胜的内容，成功吸引客户的目光，进而提升品牌认知度并推动销售增长。

5. 内容营销

内容营销侧重于创造和分享高价值的内容，以此吸引并维系目标受众。它深入洞察客户的需求和兴趣，提供有针对性的信息，从而建立品牌信任并有效推动销售。

6. 社会化媒体营销

社会化媒体营销是一种利用社会化媒体平台（如微博、微信、抖音等）进行品牌推广和产品销售的营销策略，具有互动性佳、传播性好、定位精准、低成本和跨平台整合等特点。

7. 电子邮件营销

电子邮件营销是在客户事先许可的前提下，通过电子邮件的方式向目标客户传递价值信息的一种网络营销手段。

8. 搜索引擎营销

搜索引擎营销（SEM）利用搜索引擎的技术和平台，通过竞价排名或自然排名等方式，使企业的网站在搜索引擎中获得优质的曝光度和流量，提高品牌的知名度和网站的访问量。

9. 移动商务营销

移动商务营销是指利用互联网即时聊天工具进行推广宣传的营销方式。随着移动互联网的普及，移动商务营销的重要性日益凸显。

这些网络营销方式各有特点，适用于不同的企业和产品。企业在选择网络营销方式时，应根据自身情况和市场环境综合考虑，选择最适合的营销方式。

案例启示

小红书营销策略解析

小红书作为一款广受欢迎的应用，凭借其独特的用户生成内容策略，精准地触达目标用户群体，从而引领了市场营销的新趋势，并实现了令人瞩目的转化率。

用户生成内容是小红书的核心。社区内的交互机制使得用户可以轻松地探索自己感兴趣的内容，包括产品评测、兴趣文章以及购物偏好等。研究显示，小红书巧妙地运用标签系统对购物笔记进行详细分类，不仅充分考虑了地域多样性，还根据品牌和用途进行了精细划分，这极大地提高了产品的可识别性。此外，通过收集用户的反馈、点赞和心愿单等信息，小红书能够持续优化和更新产品，从而更好地满足用户的个性化需求。

学习活动

● 活动 1　阅读材料，回答问题。

鸿星尔克：运动鞋品牌网络营销的成功典范

鸿星尔克成立于 2000 年，起初主要从事运动鞋的代工生产。随着企业规模的不断扩大，该公司开始着力打造自有品牌，并逐步将业务版图拓展至服装、运动配件等多个领域。历经多年的深耕与积累，鸿星尔克成功位列国内知名运动品牌之林。

“年轻、时尚、运动和环保”构成了鸿星尔克品牌的核心价值观。这一价值观全方位地贯穿于其品牌形象、产品设计和广告宣传之中。这种独树一帜的品牌文化不仅成功吸引了众多年轻消费者的目光，更为鸿星尔克打造了别具一格且魅力十足的市场形象。

在产品研发与制造环节，鸿星尔克始终致力于科技创新。例如，公司积极应用智能芯片、气垫技术等尖端科技和工艺，不断提升产品的品质与附加值。同时，公司持

续推出新品以满足消费者多样化的需求，并定期对产品进行升级，以此增强消费者对品牌的忠诚度。

鸿星尔克还巧妙地利用社交媒体平台（如微博、抖音等），与粉丝保持紧密互动，通过发布引人入胜的内容和活动信息，成功吸引并维系了粉丝的关注。此外，鸿星尔克还借助明星或网红的力量进行直播带货，不仅显著提升了销售业绩，而且进一步扩大了品牌的知名度。这种社交媒体营销策略，既拓展了品牌的影响力，又有效地激活了粉丝经济。

阅读以上资料，分析鸿星尔克运用了哪些网络营销内容与方式。

● 活动 2　一家初创的时尚服装公司名为“时尚衣都”，请为该公司制定基础的营销内容和方向，以增加品牌知名度，吸引更多的潜在客户，并提高公司的销售额。

学习评价

根据学习单元评价表（见表 1-2-1），学生完成自我小结并进行自我评分，教师根据学生活动情况进行点评并完成教师评分，最后按自我评分 ×40%+ 教师评分 ×60% 计算得分。

表 1-2-1　学习单元评价表

学习单元	网络营销内容与方式				
模块	评价内容	配分	自我评分	教师评分	得分
知识技能	了解网络营销的基本内容	15			
	了解网络营销的基本方式	15			
	能对企业的网络营销内容与方法进行正确的分析	30			
职业素养	具备信息收集和处理的能力	10			
	具备一定的团队合作和沟通能力	10			
	工作态度认真、细致、严谨	10			
	具备一定的创新能力	10			
任务评价				合计得分	

模块二
网络营销准备

模块概述

网络营销市场调研与传统营销市场调研在本质上没有区别，都是为实现企业的营销目标而进行的信息收集和数据分析活动。在网络营销的前期阶段，市场调研扮演着举足轻重的角色。借助市场调研，营销人员能够获取关于竞争对手的重要信息，对市场和营销环境进行深入剖析，从而更为精确地细分市场，准确识别目标客户的需求，并设定明确的营销目标。

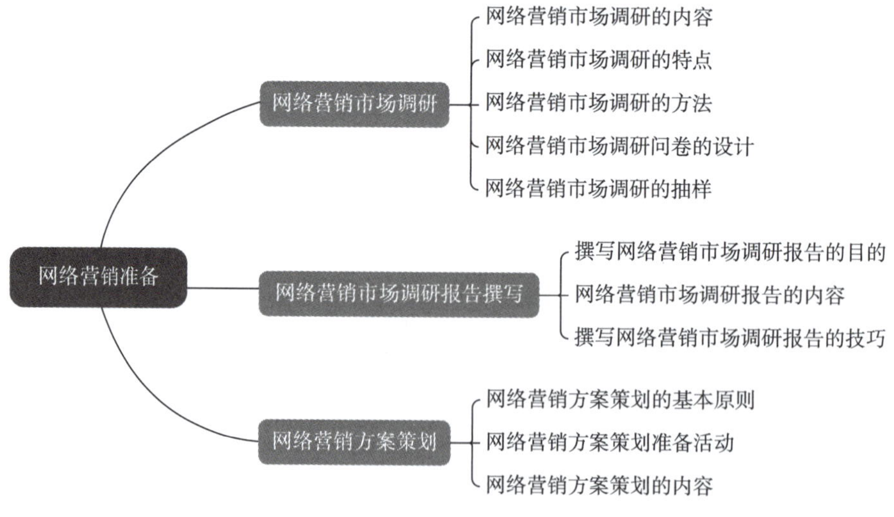

学习单元 1 网络营销市场调研

学习目标

● **知识目标**

1. 了解网络营销市场调研的内容。
2. 了解网络营销市场调研的特点。
3. 了解网络营销市场调研的方法。
4. 掌握网络营销市场调研问卷的设计要点。

● **技能目标**

能根据要求设计网络营销市场调研问卷。

相关知识

一、网络营销市场调研的内容

市场营销的核心在于发掘并满足客户的需求。为了准确把握客户需求并实施相应的营销策略，营销人员必须深入了解客户、竞争者及市场上的其他关键因素。

1. 市场需求调研

市场需求调研通过系统收集、分析和整理特定产品或服务的需求数据，为企业的产品开发及市场策略提供决策支持。通过深入研究和分析客户需求，企业能够预测产品的市场需求量、市场规模和市场占有率，进而制定高效的营销策略并把握市场先机。

市场需求调研主要包含以下两个方面：

（1）对现有商品的需求量和企业销售量的调研

这涉及商品的需求数量、品质要求、种类选择、规格设定、包装设计，以及需求的地域分布和时间周期。同时，需要评估市场对商品需求的满足情况。考虑到购买力、替代品等多重因素，商品的总需求量会在某个范围内波动，这直接关联到市场容量的问题。因此，在确定商品生产规模时，企业应全面考虑自身的生产能力、市场占有率和历史销售量，避免对看似热门但市场已趋饱和的商品进行盲目投资，从而防范商品积压和资金流动不畅的风险。

（2）对未来市场动态的预测及发展趋势的分析

通过广泛收集与深入剖析数据，市场需求调研不仅可帮助企业了解市场的历史情况和当前状况，掌握市场的发展脉络和最新信息，还能为制定中长期的营销规划提供坚实的数据支撑。

2. 客户购买行为分析

客户购买行为是一个由需求触发，经过动机形成、评价选择、购买决策到购后评价等一系列意识活动的过程。深入剖析影响客户购买行为的主要因素及其决策流程，对于开展高效的网络营销活动具有至关重要的作用。

3. 竞争对手调研

竞争对手调研主要包括三个方面：首先，要收集竞争对手的基本信息，如经营规模、人员结构以及营销组织的设置情况。其次，需要识别主要竞争对手，并进一步探究其竞争产品构成、生产能力、定价机制、成本水平、盈利能力，以及他们对销售渠道的掌控程度。最后，应深入了解竞争对手产品的市场占有率、销售量及其销售区域，同时搜集有关其产品、价格和服务等方面的详尽信息。此外，通过阅读与竞争对手相关的新闻内容，可以了解客户对竞争对手产品和服务的反馈，从而更准确地评估竞争对手的市场地位和口碑。

4. 营销影响因素调研

产品、价格、分销渠道和促销策略是影响市场营销的四大关键因素，它们构成了企业营销活动的可控要素，同时也是企业开展市场营销的核心手段。在进行网络市场分析时，对这四个方面的深入研究显得尤为重要。

（1）产品研究

市场调研人员会将产品进行详细分类，这样做的目的是根据不同类型产品的特性和功能，制定相应的调研方案。选择合适的调研方法和技术，可以获得更加精确的结果。同时，还需要关注产品在生命周期中所处的阶段，这是产品研究中的重要环节。

（2）价格研究

企业需要了解自身产品在市场中的定价情况，包括客户对价格的接受程度以及对价格变动的敏感程度。同时，对主要竞争对手的价格策略进行深入研究也是必不可少的。

（3）分销渠道研究

在分销渠道方面，企业应审视现有销售渠道的合理性，并探讨是否有必要对渠道结构进行调整，如扩展或缩减。

（4）促销策略研究

企业需要探讨如何运用各种促销手段激发客户需求并刺激其购买。评估促销策略的有效性主要看其是否合理以及是否能被广大客户接受。

二、网络营销市场调研的特点

与传统市场调研相比，网络营销市场调研的优势十分明显，主要体现在以下几个方面：

1. 互动性

网络营销市场调研具有极强的互动性。这种互动性不仅体现在客户对现有产品的反馈和建议上，更重要的是，它为客户提供了在产品概念阶段就参与其中的机会。这种早期参与使企业能够更深入地洞察市场需求，进而有效地发掘潜在需求。

2. 即时性

网络营销市场调研充分利用了网络的即时传输特点，大大加快了调研信息传递给客户的速度，同时也提升了客户向调研者反馈的效率。这种即时性确保了市场调研结果能够及时获取。

3. 便捷性和经济性

对于调研者和被调研者而言，网络营销市场调研均体现出极高的便捷性。调研者只需在相关网站上发布调研问卷，并可在整个调研过程中随时对问卷进行调整和完善。而被调研者则可通过任何能够访问网络的设备，轻松快捷地提供自己的意见和反馈。此外，调研者还能迅速、方便地对收集到的数据进行整理和分析，直接将这些数据整合到数据库中。这种便捷性显著降低了市场调研在人力和物力方面的投入成本。

三、网络营销市场调研的方法

按照市场调研的传统分类，根据所收集信息的性质不同，网络营销市场调研可以分为网络直接市场调研和网络间接市场调研两种基本方法。这两种方法各有优势，且随着互联网的不断发展，它们之间的界限逐渐变得模糊。然而，要想真正发挥网络营销市场调研的作用并取得预期的调研效果，必须将这两种方法有效地结合起来。

1. 网络直接市场调研

网络直接市场调研是指调研人员根据特定的调研目的，通过互联网直接收集、记录、整理和分析第一手相关资料的过程。这种调研方法的突出优点是时效性强，调研人员可以在调研过程中即时获得初步调研结果，并可以实时公布一些统计性调研结果，从而方便对调研过程进行实时跟踪。然而，其不足之处在于难以选择和控制理想的被

调研对象，可能无法满足特定的调研样本需求。有时，还可能出现样本重复、调研数据失真以及无法进行抽样核实等问题。因此，为了提高网络直接市场调研的有效性和可靠性，还需要在技术、方法和控制等方面进一步完善。

（1）网络直接市场调研的主要途径

我国企业进行网络直接市场调研主要有两个途径：

1）利用普通网站进行调研。这种途径通常是在网站上发布调研问卷，访问者浏览页面时可以在线填写答案，优点成本较低，适合进行涉及面广、期望各类网站访问者都能参与的一般性调研。但是，这种途径的弊端在于难以对调研对象和调研样本进行有效控制。例如，参与者可能不符合样本要求，或者出现重复答卷、随意回答问题等情况。此外，对于一些没有自动生成调研问卷系统的网站，每份问卷的制作都需要依赖网站技术人员，从而增加了对技术人员的依赖性。

2）利用专业在线调研机构进行调研。这些机构通过有偿方式吸引被调研对象接受在线调研。当客户成为某调研机构的注册会员后，该机构会定期邀请他们参与调研。例如，每月发送 3～10 次电子邮件问卷开展调研，每填写一份问卷即可获得相应的积分。当积分累积到一定数额后，这些在线调研机构会通过银行或第三方支付机构（如支付宝）向客户支付酬金。然而，利用专业在线调研机构的不足之处在于需要对调研系统的样本库进行维护，实施成本较高。

（2）网络直接市场调研的主要方法

在传统市场环境下，直接调研主要有访问调研法、专题讨论法、观察调研法和实验调研法，在网络市场环境下，上述四种方法同样适用。

1）访问调研法。访问调研法作为最常见、最基本的网络直接市场调研方法之一，涉及访问者向被访问者提出问题，并通过被访问者口头回答或在线填写调研表等形式收集市场信息的过程。这种方式可以采用的形式包括线上人员访谈、电子邮件访问、在线问卷调研等。

2）专题讨论法。专题讨论法在传统市场调研中通常以人员面访的形式进行，而在网络环境下，这种方式转移到了虚拟环境中。调研者可以通过网络社区、论坛、微信群等社交媒体平台邀请参与者，在有经验的主持人引导下，就某一产品、服务或营销话题进行线上讨论。通过这种方式，调研者可以获取深入的市场反馈和客户建议。

3）观察调研法。观察调研法是通过观察正在进行的网络营销过程来解决营销问题的方法。在网络环境下，观察调研法变得更加便捷和高效。例如，通过网站分析工具，调研者可以追踪和记录访问者的行为路径、浏览时间、页面停留时间等数据，从而了解客户的兴趣和偏好。此外，调研者还可以通过分析用户注册信息、搜索关键词、浏览历史等显性信息，以及用户在网站上的互动行为等隐性信息，发掘客户需求和潜在市场机会。

4）实验调研法。实验调研法在互联网环境下可以通过现场实验（也称实地实验）的方式开展。调研者可以在实际经营环境或模拟营销情境中，运用信息技术手段或先进的科技仪器跟踪、观测并记录被调研对象的行为，直接考查人们在互联网环境下的经济决策行为。这种方法可以帮助调研者验证营销假设、评估营销策略的有效性，并优化营销决策。

2. 网络间接市场调研

网络间接市场调研涉及获取并利用那些已经由他人收集、记录和整理的各类相关资料，即二手资料。作为信息传播的重要渠道，互联网所承载的信息量远超任何传统媒体。对于调研者而言，网络广告、企业官方网站、政府部门网站发布的需求信息、招商与招标信息，以及高等院校和科研机构在网络平台上分享的科研成果等，都蕴藏着大量有价值的信息。

网络间接市场调研的核心在于通过互联网，有效地收集、处理与分析二手资料，将其转化为对企业决策具有实际意义的商业信息。为达成此目标，调研者需要解决以下几个关键问题：明确信息的来源，选择合适的工具和方法收集信息，以及采用恰当的方式分析和处理收集到的信息。

从企业经营的角度来看，有价值的信息主要来自企业内部和外部两个方面。内部信息可通过梳理企业内部各类经营资料获得，如产品的产销业绩、客户资料、经销商与供应商信息等。通过系统收集和整理这些信息，企业能够更好地了解自己的经营状况和市场动态，为决策提供有力支持。

案例启示

格力电器的营销法则

格力电器旗下的格力品牌空调在全球范围内享有盛誉，作为中国空调行业的名牌产品，其业务已遍及全球 90 多个国家和地区。

早在 1995 年，格力空调便在中国市场崭露头角，连续 13 年蝉联空调产销量及市场占有率榜首。进入 2005 年后，其家用空调产销量更是连续三年位居全球首位。至 2007 年，格力空调已在全球拥有超过 7 000 万用户，这一数字的持续增长得益于其对市场趋势的敏锐洞察和精准把握。

然而，格力电器并未止步于空调市场的领先地位。2012年至2019年，格力电器积极实施多元化战略，涉足智能装备、通信设备、精密模具、再生资源等新兴市场。在这一过程中，市场调研起到了关键作用，助力格力电器发现新的增长机遇，并制定相应的市场进入策略。

2020年，面对突如其来的市场变化，格力电器迅速做出反应，加速渠道变革，积极布局新零售渠道，推动超过3万家线下专卖店向线上转型。通过格力董明珠店的开业，格力电器进一步拉近了客户与品牌之间的距离，实现了线上线下的深度融合。这一举措不仅有效缓解了线下市场的压力，更为格力电器打开了新的增长空间。

格力电器在发展历程中，始终秉承“自我发展，自主创新，自有品牌”的发展理念。创新是企业发展的灵魂，核心技术是企业腾飞的脊梁。因此，格力电器持续投入大量资源进行产品研发和技术创新，为全球客户提供技术领先、品质卓越的空调产品。

同时，格力电器高度重视市场调研在推动企业发展和创新中的作用，通过持续的市场调研，及时了解客户需求、市场趋势和竞争对手动态，从而制定出更加精准的市场营销策略，把握产品创新方向。这种以市场调研为基础的创新型营销策略，使格力电器在激烈的市场竞争中脱颖而出，为实现可持续发展奠定了坚实基础。

四、网络营销市场调研问卷的设计

问卷调研法是调研者采用统一设计的问卷，向特定选择的调研对象了解相关情况或征询其意见的一种调研方法。这种方法是获取第一手资料时最常用的调研方法。在线问卷法作为传统市场调研中问卷调研法在互联网领域的拓展应用，已被广泛运用于各类在线调研活动。

1. 在线调研问卷设计的原则

在设计在线调研问卷时，为确保问卷的有效性和准确性，应遵循以下原则：

（1）明确的主题性

问卷的每一部分和每个问题都应与核心主题直接相关并紧密聚焦。在设计问题时，必须从调研的具体目的出发，确保每个问题都服务于明确的目标，突出重点，同时要避免添加与主题无关或冗余的问题。

（2）结构的合理性与逻辑性

问卷中的问题应按照一定的逻辑顺序排列，符合受访者的自然思考流程。通常情况下，应遵循从简单到复杂、从具体到抽象、从易到难的排列原则，确保受访者能够顺畅地完成整个问卷的填写。

（3）语言通俗易懂

问卷应使用简洁明了、易于理解的语言，确保受访者能够轻松理解问题并愿意提供真实的回答，应避免使用过于专业或复杂的词汇，并始终保持语气友好，尊重受访者。对于可能涉及敏感信息的问题，应采用恰当的提问方式，确保问题的合理性和易答性，同时避免给出主观或暗示性的引导，从而保障答案的真实性。

（4）问卷长度的控制

为提高受访者的参与度和问卷的完成率，应合理控制问卷的长度，尽量确保受访者能在大约 20 分钟内完成。这就要求设计者在设计问卷时既要确保全面覆盖所需的信息，又要避免问题的冗余和重复。

（5）便于资料处理和分析

在设计问卷时，要考虑到后续数据处理和分析工作的便利性。问卷的格式和结构应便于数据的录入、整理、验证以及统计分析。例如，可尽量设计封闭式问题以简化数据分析过程，同时确保问卷中的问题有清晰、可量化的答案。

2. 在线调研问卷设计的步骤

设计在线调研问卷是一个系统性的过程，涉及多个关键步骤。以下是在线调研问卷设计的详细步骤：

（1）明确调研目的和内容

在设计问卷之前，首先要明确调研的核心目的以及需要涵盖的具体内容，这包括清晰地界定调研想要解决的问题和期望获取的信息类型。对于直接参与问卷设计的人员而言，这一步可能相对直观，未直接参与设计初期工作的人员则需深入探究调研的背景、目的及基本假设。这通常要求他们详细阅读研究方案，并与设计人员深入交流，以确保对调研目的和内容有准确全面的理解。

（2）资料收集和整理

问卷设计不仅关乎问题的提出，更要求对调研主题有深刻的理解。因此，设计者应广泛收集资料，其目的主要有三个：一是加深对调研问题的认识，二是为问卷设计提供丰富的素材，三是形成对目标受访群体的明确认知。这一过程可能包含对类似研究的回顾、咨询专家意见，甚至对部分潜在受访者进行初步访谈。此类访谈有助于了解受访者的背景、习惯及教育水平等关键信息，这些都是影响问卷设计的重要因素。

特别值得注意的是，不同的受访群体可能具有截然不同的特征和需求，这就要求问卷设计需具备高度的针对性和灵活性。

（3）问题内容的确定与优化

在确定每个问题的具体内容时，设计者需审慎思考每个问题的必要性、相关性和有效性。针对每个问题，都应进行以下反思：该问题对于实现调研目的是否至关重要？它能否有效地收集到所需信息？是否存在更简洁或更直接的提问方式？在这些考量中，核心在于确保每个问题都能对整体调研有积极贡献，并且避免冗余或重复。倘若某个问题无法有效地提供所需数据，则应修改或删除。最终目标是设计出一份既全面又精炼的问卷，以便高效、准确地收集所需信息。

3. 在线调研问卷的内容

在线调研问卷作为在线数据收集的关键手段，其结构与设计的合理性直接关乎数据质量和调查结果的可靠性。一份周密设计的在线调研问卷通常涵盖以下几个核心组成部分：

（1）卷首语

卷首语可谓问卷的“脸面”，它负责向受访者阐明调研的背景、宗旨及其重要性。其主要目的在于建立信任感，使受访者确信参与此项调研的价值。因此，卷首语应清楚地阐明执行此项调研的组织或机构、调研的目的，以及受访者参与其中的意义。同时，为了提升透明度和信任度，卷首语应明确列出执行调研的单位的联系方式，包括名称、地址、联系电话等。

（2）问题指导语

问题指导语对于保证数据的准确性至关重要。其设计初衷是引导受访者正确且完整地填写问卷。该部分应使用明确、简练的语言提供填写指南，协助受访者理解问题的意图和所期望的答案形式。

（3）问卷主体

问卷主体是问卷的核心组成部分，包含一系列问题及相应的备选答案。问题应根据调研目的精心设计，并确保措辞简洁易懂。问题类型通常分为开放型和封闭型两种。在线问卷（尤其是通过电子邮件发送的问卷）往往更倾向于采用封闭型问题，即为受访者提供一套固定的选择项。这类问题有助于节省时间、提升回收率，并便于后续的统计分析工作。设计者在设计问题时，应充分考虑受访者的特征和心理状态，避免使用可能引起受访者反感或厌烦的措辞。

（4）结束语

结束语作为问卷的收尾部分，其主要作用是对受访者的参与表示感谢。真诚而亲

切的感谢语有助于提升受访者的满意度，并可能提高他们参与未来调研的积极性。

除了上述内容外，在设计在线调研问卷时还需注意若干其他事项。例如，问卷应充分考虑受访者的文化背景，避免可能出现的文化冲突或误解；问卷的整体设计应保持清晰简洁，便于受访者迅速理解和作答；问卷还应兼顾后期数据处理的便捷性。

示例参考

尊敬的受访者：

您好！非常感谢您在百忙之中抽出宝贵时间，参与我们的调研活动。本次调研的主要目的在于深入了解您对某一产品或服务的观点与感受。您的回答对我们至关重要，将成为我们决策的重要参考。请放心，本问卷采用匿名方式填写，我们郑重承诺对您的所有信息严格保密。衷心感谢您的支持和协助！

请您仔细阅读以下问题，并在相应的选项中选择或填写答案。如有必要，您可在问题旁的空白处作简要补充说明。

一、基本信息

1. 您的年龄范围是（　　）。

A. 18 岁以下　　B. 18～25 岁　　C. 26～35 岁

D. 36～45 岁　　E. 46 岁及以上

2. 您的性别是（　　）。

A. 男　　B. 女

3. 您目前所在的城市是（　　）。

二、产品/服务体验

1. 您是否使用过我们的产品或服务?

A. 是　　B. 否

（如果您选择“否”，请跳转至问题 5）

2. 您对我们的产品或服务的整体满意度如何?

A. 非常满意　　B. 比较满意　　C. 一般

D. 不太满意　　E. 非常不满意

3. 您认为我们的产品或服务在哪些方面可以改进（多选）?

A. 产品质量　　B. 服务态度　　C. 价格合理性

D. 交付速度　　E. 其他（请注明：　　）

4. 您会向他人推荐我们的产品或服务吗？

A. 会强烈推荐　　B. 会推荐　　C. 不确定

D. 不会推荐　　E. 坚决不会推荐

5. 您未使用我们的产品或服务的原因是什么？

A. 不了解该产品或服务　　B. 价格不合适

C. 有更合适的选择　　D. 其他（请注明：　　）

三、开放性问题

1. 请谈谈您对我们的产品或服务的具体建议或意见。

2. 您希望我们的产品或服务在未来有哪些改进或创新？

再次感谢您的参与和支持！您的宝贵意见将帮助我们不断完善和提升产品或服务质量。祝您生活愉快！

4. 在线调研问卷的分类

按照所采用的技术手段不同，在线调研问卷主要可以分为站点问卷和电子邮件问卷两大类。

（1）站点问卷

采用站点问卷时，可将调研问卷设计成网页形式，并通过一个或多个网站发布，供网站访问者在线填写和提交。这种问卷不仅适用于单选题、多选题等封闭式问题（可通过点击按钮或下拉菜单进行选择），同样也适用于需要受访者在文本框内输入信息的开放式问题。此外，站点问卷还可以采用量表评分式的问题设计。具体实施时，可采用以下两种方式：一是建立专门的在线调研平台或网页，这通常见于专业市场调研公司或大型企业自建的网站，其调研内容广泛多样；二是在与调研主题相关的专业网站内嵌入调研页面，如在大型日用消费品交流论坛中设立一个关于快速消费品需求的专项调研栏目。

（2）电子邮件问卷

电子邮件问卷则是通过电子邮件发送给受访者，受访者完成问卷填写后，再通过电子邮件将其回复给调研机构。其格式可以是普通的文本，也可以是 HTML 或 Word 文档。

相较于站点问卷，电子邮件问卷具有以下显著优点：首先，调研人员对样本的选择具有更强的控制力，能够根据研究需求精确选取目标受访者，这对于针对特定客户群体的调研尤为有利；其次，受访者可以在离线状态下自由作答，不受时间限制，因此其回答往往更加深思熟虑，质量也会较高。

五、网络营销市场调研的抽样

抽样调研作为市场研究的常用手段，是指从目标总体中精心挑选部分具有代表性的样本进行调研，并基于这些样本的数据分析推断样本总体的特性。在网络营销市场调查领域，科学的抽样技术对于降低调研成本、提升工作效率、确保结果的代表性以及为决策提供有力支撑都具有至关重要的作用。通过选择目标总体中的代表性样本进行调研，并深入分析样本数据，调研人员能够推导出目标总体的关键特征。这种方式不仅可节省时间、人力和物力，还简化了数据处理和分析，从而大幅提升调研效率。更为重要的是，借助科学的抽样策略，调研人员能够确保所选样本的核心特性与样本总体要求保持一致，进而保障调研结果的代表性和准确性。最终，这些经过抽样的调研数据可以为企业提供宝贵的参考，助力其在网络营销中制定更加精准有效的策略。

为保证调研有意义，调研人员必须能主动选择符合条件的受访者参加调研。常用的在线抽样方法有电子邮件地址抽样、固定样本抽样、弹出窗口抽样、预先电话抽样和完全公开式抽样（见表 2–1–1）。

表 2–1–1　常用的在线抽样方法

名称	特点
电子邮件地址抽样	在掌握全部目标总体的电子邮件地址的情况下，可以从这些地址中随机抽样，并通过电子邮件的形式展开调研。若掌握了每个电子邮件地址的相关背景资料，就可以依据这些资料，按照特定的配额条件进行随机抽样。此方法所取得的效果与传统调研中依据地址或电话号码进行随机抽样的效果相当
固定样本抽样	将已同意参与各类调研的受访者纳入固定样本库，由于库内每位成员均已提供个人背景信息及电子邮件地址，并明确表态愿意接受调研邀请，因此，根据研究模块的具体需求，可按照特定的甄别条件，如性别、年龄、所在地区及收入等，对符合条件的成员进行抽样
弹出窗口抽样	采用计算机技术，可以自动统计网站访问者数量。调研人员预先设定一定数量的访问间隔（如每隔 100 名访问者），系统便会自动弹出一个邀请窗口，邀请网站访问者参与调研。该方法与传统街头拦截访问相似，但因自动控制机制的应用，其随机性得到了显著提升

续表

名称	特点
预先电话抽样	直接或通过电子邮件向受访者发出邀请，请他们前往指定的网站参与调研。该网站通过密码控制访问权限，确保仅有受邀的受访者能够参与。这种方式不仅体现了完全的随机性，同时也充分发挥了网络调研的独特优势
完全公开式抽样	在网站上全面公开调研问卷，并提供广泛的链接供受访者主动参与。此方法几乎无法对受访者实施有效控制，同时也难以确保调研内容的保密性

学习活动

● 活动 1　某服装零售商的产品主要面向年龄在 10～18 岁的女性。为了更好地了解目标受众的兴趣和需求，该零售商决定进行一次全面的网络营销市场调研。请帮助该零售商设计调研问卷，并选择几种调研方法，填写表 2–1–2。

表 2–1–2　调研方法实施情况表

调研方法	实施过程	样本数量	时间范围	成本

● 活动 2　服装零售商（李宁品牌）的网络营销市场调研。

一、问卷设计原则

1. 明确调研目标：问卷中的问题需紧密围绕目标受众的购物行为、兴趣和需求进行设计。

2. 简明扼要：问卷中的问题表述应简洁，避免使用冗长和复杂的句子结构。

3. 针对性强：应根据目标受众的年龄层、性别和消费习惯等特点，有针对性地设计问题。

4. 鼓励参与：设置合理的奖励机制，激励更多人参与问卷调研。

二、问卷设计内容

1. 基本信息：包括受访者的年龄、性别和居住地等基本信息。

2. 购物行为：涵盖每月在服装方面的消费金额、偏好的购物渠道，以及购买服装时最为看重的因素等。

3. 兴趣和需求：探索受访者对服装风格和品牌的偏好、最常购买的服装类别，以及期望在穿着服装时获得的体验等。

4. 对李宁品牌的认知度：了解受访者是否知晓李宁品牌、是否有过购买该品牌服装的经历，以及对该品牌的整体印象等。

5. 建议和意见：收集受访者对李宁品牌的改进意见，以及他们希望该品牌能满足的特定需求等。

三、发布并收集问卷

1. 通过李宁的官方网站、社交媒体平台以及线下门店，广泛发布问卷链接或二维码，以便受访者轻松参与。

2. 设定明确的问卷填写截止日期，并在截止后统一进行问卷数据的收集工作。

3. 利用电子问卷系统或人工方式，对收集到的问卷数据进行统计和处理，随后将有效数据导入 Excel 或其他空白表格（见表 2–1–3）中，以便进行数据分析。

表 2–1–3　空白表格

序号	年龄	性别	所在地	月均服装消费额（元）	主要购买渠道	最常购买的服装类型	对李宁品牌的认知度	建议和意见

学习评价

根据学习单元评价表（见表 2–1–4），学生完成自我小结并进行自我评分，教师根据学生活动情况进行点评并完成教师评分，最后按自我评分 ×40%+ 教师评分 ×60% 计算得分。

表 2–1–4　学习单元评价表

学习单元	网络营销市场调研				
模块	评价内容	配分	自我评分	教师评分	得分
知识技能	了解网络营销市场调研的内容	10			
	了解网络营销市场调研的方法	10			

续表

模块	评价内容	配分	自我评分	教师评分	得分
知识技能	了解网络营销市场调研的特点	10			
	掌握网络营销市场调研问卷的设计要点	10			
	能根据要求制定网络营销市场调研问卷	20			
职业素养	具备信息收集和处理的能力	10			
	具备一定的团队合作和沟通能力	10			
	工作态度认真、细致、严谨	10			
	具备一定的创新能力	10			
任务评价				合计得分	

学习单元 2　网络营销市场调研报告撰写

学习目标

● 知识目标

1. 了解撰写网络营销市场调研报告的目的。
2. 了解网络营销市场调研报告的内容。
3. 掌握网络营销市场调研报告的撰写技巧。

● 技能目标

能撰写网络营销市场调研报告。

相关知识

一、撰写网络营销市场调研报告的目的

撰写网络营销市场调研报告的主要目的是提供决策依据、发现新的机会、优化产品或服务、评估营销效果等。

1. 提供决策依据

网络营销市场调研报告能为企业和机构提供翔实的数据基础和分析，帮助决策者深入了解市场需求、客户行为及竞争对手态势等关键信息，进而制定更为精准的战略规划和应对措施。

2. 发现新的机会

通过深入剖析行业趋势和市场动态，网络营销市场调研报告有助于帮助企业识别潜在的消费需求、新兴潮流以及尚未开发的细分市场，为企业指明创新发展的方向，助力其抢占市场先机。

3. 优化产品或服务

网络营销市场调研报告汇集了客户对产品或服务的真实评价与反馈，企业可据此对产品或服务进行针对性的优化与改进，从而有效提升客户满意度和忠诚度，巩固市场地位。

4. 评估营销效果

网络营销市场调研报告能够客观评估企业或机构的广告投放、促销活动以及社交媒体营销等策略的实际效果，为其调整和优化营销方案提供数据支持，实现营销效率的最大化。

综上所述，撰写网络营销市场调研报告旨在帮助企业或机构更全面地掌握市场脉搏，了解客户需求与竞争态势，为其战略决策提供科学依据，发掘新的增长点，不断完善产品和服务，以及科学评估营销活动的效果，进而提升整体竞争力，实现可持续发展。

二、网络营销市场调研报告的内容

网络营销市场调研报告的内容见表 2–2–1。

表 2–2–1　网络营销市场调研报告的内容

部分	具体内容
调研背景与目的	介绍本次调研的背景信息，包括行业趋势、市场动态等，并明确调研的目的，即希望通过调研解决什么问题或达到什么目标
调研方法	说明调研所采用的方法，如在线问卷法、电话访谈法、社交媒体分析法等，以及样本选择和数据处理方式
市场概述	对目标市场进行整体描述，包括市场规模、增长率、主要参与者等
目标受众分析	详细描述目标受众的特征，如年龄、性别、地域、职业、收入等，以及他们的消费习惯、需求和偏好
竞争对手分析	详细分析主要竞争对手，包括他们的产品 / 服务特点、市场份额、营销策略等

续表

部分	具体内容
网络营销策略分析	评估当前的网络营销策略，如搜索引擎优化（SEO）、社交媒体营销（SMM）、内容营销等的效果，并分析其优缺点
数据分析与发现	深入分析收集到的数据，发现市场趋势、客户行为模式等有价值的信息
结论与建议	总结调研的主要发现，并根据分析结果提出针对性的营销策略建议或改进措施
附录与参考资料	包含调研过程中使用的问卷、访谈记录、数据图表等辅助材料，以及引用的参考资料

示例参考

2023年家居用品行业网络营销策略调研报告

一、引言

随着互联网和电子商务的快速发展，网络营销已成为企业获取市场份额、提升品牌知名度和促进销售的重要手段。本次调研旨在深入了解家居用品行业的网络营销现状，为企业制定有效的网络营销策略提供数据支持和参考。

二、调研方法

本次调研采用问卷调查和深度访谈相结合的方式，共收集到500份有效问卷和20家家居用品企业的访谈数据。问卷主要针对消费者进行，而访谈则涵盖了行业内的多个知名品牌。

三、市场概述

近年来，家居用品市场呈现出稳健增长的态势，市场规模持续扩张。消费者对家居用品的需求日益显现出多元化与个性化的特点，同时，他们对产品的品质和设计要求也在不断攀升。

四、目标受众分析

调研数据显示，家居用品的主要消费群体集中在25～45岁的中产阶层。这部分消费者非常重视生活品质，追求时尚与个性。在选购家居用品时，他们更加注重产品的设计感、实用性以及环保属性。

五、竞争对手分析

家居用品行业竞争激烈，众多品牌争相角逐。经过深入调研，我们发现若

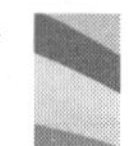

干主要竞争对手在网络营销上表现尤为出色。他们巧妙地通过社交媒体营销、内容营销和搜索引擎优化等手段，成功吸引了大量目标消费者，并有效实现了实际销售。

六、网络营销策略分析

1. 搜索引擎优化：通过优化网站结构和内容，提高网站在搜索引擎中的排名，从而增加曝光率和流量。

2. 社交媒体营销：利用社交媒体平台（如微信、微博、抖音等）进行品牌推广和产品宣传，与目标受众建立互动和信任。

3. 内容营销：通过创作高质量的内容（如博客文章、视频、图片等），吸引目标受众的关注，提升品牌知名度和好感度。

4. 数据分析与优化：通过对网站流量、客户行为等数据的分析，不断优化营销策略和网站体验，提高转化率和销售额。

七、数据分析与发现

通过对调研数据的深入分析，我们有以下几点发现：

1. 消费者的家居用品购买决策受到多重因素的共同影响，其中品牌形象、产品品质以及市场口碑评价占据举足轻重的地位。

2. 在家居用品行业中，网络营销手段的应用效果显著，尤其是社交媒体与内容营销在提升品牌知名度及吸引目标受众方面发挥了不可或缺的作用。

3. 尽管竞争对手在网络营销方面已投入相当多的资源，并取得了一定成效，但仍存在进一步的提升空间。

八、结论与建议

1. 家居用品企业应高度重视网络营销策略的规划与执行，充分利用互联网资源，增强品牌知名度并扩大市场份额。

2. 建议企业在网络营销活动中，特别关注品牌形象的塑造、产品质量的直观展示以及市场口碑的积极管理，从而有效提高消费者的购买意愿与品牌忠诚度。

3. 企业应持续加强对竞争对手的市场分析与学习借鉴，不断优化并更新自身的网络营销策略与手段，以期在激烈的市场竞争中脱颖而出。

九、附录与参考资料

略。

三、撰写网络营销市场调研报告的技巧

在撰写网络营销市场调研报告时，为确保报告的专业性、有效性和清晰度，应注意掌握以下一些关键的技巧：

1. 明确报告目的

在撰写网络营销市场调研报告前，应首先明确报告的核心目的及目标受众。报告的目的可能是向管理层展示网络营销的成效，或是向投资者展现市场潜力和投资回报预期等。报告目的将直接决定报告的内容和表述方式。

举例来说，若某电商网站想向投资者展示其网络营销策略的有效性，那么在该报告中应着重呈现用户增长率、转化率提升情况，以及营销投入与产出比率等相关数据。

2. 进行充分调研

深入且全面的市场调研是撰写高质量报告不可或缺的前提条件。这一过程涵盖但不限于利用网站分析工具追踪用户的行为模式、从各类社交媒体平台搜集用户反馈，以及通过广泛的市场调研洞悉行业发展趋势和竞争对手的动向。采用多元化的数据来源并进行交叉验证，可以显著提升报告的可信度和说服力。

以某时尚品牌为例，该品牌通过对其官方网站的访问数据、社交媒体上的用户评价以及市场调研报告进行综合剖析，发现其目标客户群体对某一类时尚单品有着特别的偏好。基于此发现，该品牌在报告中针对性地提出了围绕这一单品的重点营销策略。

3. 组织报告结构

一份结构清晰的报告能够迅速引导读者捕捉到核心要点。报告应从引人入胜的引言部分着手，进而逐步铺陈背景信息、调研方法、研究结果，并最终提炼出结论与具体建议。此种结构既富有逻辑性，又便于读者理解。

4. 使用简洁明了的语言

报告应避免堆砌专业术语和使用复杂的句式结构，转而采用平实、简练的语言表述观点与数据，确保信息能够准确无误、高效地传递给读者。

5. 利用图表和可视化工具

利用图表和可视化工具可以直观地呈现数据间的关联与趋势。例如，借助柱状图可对比不同营销活动的成效，利用折线图可展示用户增长趋势等。

以某在线教育平台为例，该平台通过饼图明确展示了其各营销渠道的转化率，从而协助管理层快速辨识出最为有效的推广手段。

6. 强调关键发现

在报告中，应着重强调最为关键的数据与发现。可通过运用标题、加粗字体或采用不同颜色等方式吸引读者的注意力，以确保重要信息受到充分的关注，避免遗漏。

7. 提供明确的建议

根据所收集的数据与分析结果，应提出具体可行的建议及行动计划。这些建议应具有针对性，且有明确的操作步骤，便于实施。

举例来说，某健康食品品牌在深入分析其目标客户群体的购买习惯后，在报告中提出了在特定时段内增加广告投放，并针对某一特定人群推出定制化产品的策略建议。

8. 编辑和校对

报告最终提交之前，必须进行多次编辑与校对工作，确保文字流畅通顺、数据准确无误，并消除可能存在的格式错误。

9. 保持客观和公正

在撰写报告时，应严格避免插入个人主观意见。所有的分析论述和结论都必须建立在客观数据和具体事实的基础之上。

10. 注意报告格式

应根据报告的目标受众和具体使用场合，选择恰当的格式。如果用于正式的商务呈报，PDF 格式可能更为适合；如果用于内部研讨或演示，PPT 格式可能更加恰当。同时，要注重报告的版面设计和整体美观，以提升其视觉吸引力。

掌握以上方法技巧，并融入实际案例与具体数据，可以撰写出既专业又富有说服力的网络营销市场调研报告，从而为企业的战略决策提供坚实的数据支撑。

学习活动

● 活动 1 大学生在离家求学期间，需要与家人和朋友保持联系，因此通信工具变得尤为重要。鉴于手机的便捷性和经济性，它已成为大学生首选的电子产品。请利用网络查询相关数据，撰写一份详尽的调研报告。

● 活动 2 某公司是一家新兴的互联网科技公司，专注于提供智能手机应用开发以及云服务解决方案。鉴于当前市场的激烈竞争和快速变化，该公司决定进行网络营销市场调研，旨在进一步优化其网络营销策略。

调研团队首先针对目标市场实施了细分与深入分析，进而明确了主要的客户群体及其特征，随后通过市场调研和在线问卷广泛搜集了相关数据。这些数据涵盖了客户对公司品牌的认知度、对产品的满意度，以及市场的需求状况等多个维度。

请运用所学帮该公司完成调查问卷分析表（见表 2–2–2）。

表 2–2–2　调查问卷分析表

调查问卷分析表	
一、市场需求分析	
目标市场定位	
市场趋势分析	
市场规模预测	
客户需求洞察	
二、行业竞争状况	
竞争对手分析	
竞争策略对比	
行业法规与政策	
三、目标客户群	
客户画像构建	
客户购买行为分析	

学习评价

根据学习单元评价表（见表 2–2–3），学生完成自我小结并进行自我评分，教师根据学生活动情况进行点评并完成教师评分，最后按自我评分 ×40%+ 教师评分 ×60% 计算得分。

表 2–2–3　学习单元评价表

学习单元	网络营销市场调研报告撰写				
模块	评价内容	配分	自我评分	教师评分	得分
知识技能	了解撰写网络营销市场调研报告的目的	10			
	掌握网络营销市场调研报告的内容	10			
	掌握网络营销市场调研报告的撰写技巧	20			
	能撰写网络营销市场调研报告	20			
职业素养	具备信息收集和处理的能力	10			
	具备一定的团队合作和沟通能力	10			
	工作态度认真、细致、严谨	10			
	具备一定的创新能力	10			
任务评价				合计得分	

学习单元 3　网络营销方案策划

学习目标

● 知识目标

1. 掌握网络营销方案策划的基本原则。
2. 掌握网络营销方案策划的准备活动内容及方法。
3. 掌握网络营销方案策划的内容。

● 技能目标

1. 能进行网络营销方案策划准备。
2. 能完整地策划网络营销方案。
3. 能评估和调整网络营销方案策划的效果，并提出改进建议。

相关知识

一、网络营销方案策划的基本原则

网络营销方案策划的基本原则是指在规划与实施网络营销活动时需遵循的一系列准则和指导思想。以下是网络营销方案策划的基本原则：

1. 目标导向原则

（1）明确目标

确立网络营销的具体目标，如提升品牌知名度、扩大市场份额或增加销售额等。

（2）量化目标

设定可量化、可衡量的指标，以便对营销活动的效果进行评估和调整。

2. 受众导向原则

（1）目标受众分析

深入剖析目标受众的特征、需求及行为习惯，实现精准定位和有效推广。

（2）个性化传播

依据目标受众的特点和偏好，提供定制化、个性化的内容与服务。

3. 一致性原则

（1）品牌一致性

确保网络营销活动与品牌形象相契合，传递统一、清晰的品牌信息。

（2）跨渠道一致性

在不同网络渠道上保持信息传播的连贯性和市场呈现的一致性。

4. 整合营销原则

（1）多渠道整合

综合运用多种网络渠道和工具，构建一个全面的网络营销体系，使其更有效地覆盖目标受众。

（2）与传统营销整合

将网络营销与传统营销相结合，形成互补、协调的市场推广策略。

5. 数据驱动原则

（1）数据收集

运用数据分析工具和技术，收集关键数据，如网站流量、用户行为、转化率等。

（2）数据分析和优化

基于数据分析结果，不断优化和调整网络营销策略，提升活动效果。

6. 创新性原则

（1）创意思维

鼓励创意思维，打造新颖、独特的广告文案、设计和创意元素。

（2）技术创新

积极采用新技术和新工具，适应快速变化的网络环境和用户需求。

7. 沟通和互动原则

（1）有效沟通

积极与目标受众沟通交流，倾听并回应其意见和建议。

（2）社交媒体互动

利用社交媒体平台与用户互动，提高用户参与度和品牌忠诚度。

8. 持续优化原则

（1）监测和评估

定期监测网络营销活动的效果，评估是否达到预期目标。

（2）持续优化

根据评估结果，调整营销策略和执行方式，实现持续改进和优化。

遵循上述原则，营销人员可以更加科学、系统地制定和执行网络营销活动方案，提升市场推广的效果和效率，最大化实现营销目标。

二、网络营销方案策划准备活动

网络营销方案策划准备活动是保障网络营销方案顺畅推进与高效执行的关键前置环节。网络营销方案策划准备活动的步骤及核心点如下：

1. 市场分析和目标定位

（1）目标市场分析

对选定的目标市场进行深入全面的研究，分析受众的显著特性、实际需求及典型行为模式，确保营销活动的精准性和针对性。

（2）竞争对手分析

详尽了解并分析竞争对手在网络营销中采取的策略及其成效，从而发掘市场机会。

2. 目标设定和策略制定

（1）设定明确的目标

基于市场分析的结果，制定具体、明确且可量化评估的目标，如显著提升网站访问量或提高用户转化率等。

（2）确定营销策略

在细致分析目标市场的基础上，选择合适的网络营销路径与策略，如利用社交媒体推广、搜索引擎优化或内容营销等。

3. 预算和资源规划

（1）预算规划

结合已设定的目标与策略，科学制定营销预算，覆盖广告投放、技术支持及人力资源等多方面的费用。

（2）人力资源安排

明确营销活动所需的人力资源，并合理安排营销、技术支持及内容创作等团队。

4. 技术支持和平台准备

（1）技术选型

根据营销目标与策略，精心选择适宜的网络营销工具和平台，如高效的社交媒体管理工具、精准的数据分析工具等。

（2）网站和页面优化

对官方网站及相关页面进行精细优化，提升在搜索引擎中的排名并增强用户在线体验。

（3）技术人员支持

储备充足的技术人员，为整个营销活动提供稳定的技术支持，并迅速应对可能遭遇的技术挑战。

三、网络营销方案策划的内容

网络营销方案策划内容包含多个方面，具体如下：

1. 受众分析和客户画像

（1）了解目标受众特点

深入了解目标受众的特征和消费行为，包括年龄、性别、兴趣爱好、购买习惯等关键信息。

（2）构建客户画像

依据受众分析结果，构建具体的客户画像，精确定位目标受众并制定个性化的推广策略。

2. 网络营销渠道选择

（1）社交媒体营销

应依据目标受众的特征及他们的行为习惯，精心挑选与之匹配的社交媒体平台，例如微博、小红书、知乎以及抖音等，以便更有效地触及目标客户。

（2）搜索引擎优化

为提升网站在搜索引擎中的排名及曝光率，应对网站结构、关键词布局以及内容进行优化。

（3）内容营销

应策划并制订富有吸引力和价值的内容计划，借助博客文章、视频教程、电子书等多种形式，吸引目标受众的注意力。

（4）电子邮件营销

可通过电子邮件这一渠道，向目标客户发送定制化的营销信息，旨在与潜在客户建立稳定的关系，并积极推广相关的产品或服务。

3. 内容策划和创意开发

（1）制订内容计划

应依据目标受众的特点及所选择的营销渠道，全面规划并制订详尽的内容计划。该计划应涵盖主题的筛选、内容的发布频次以及具体的发布时间等要素。

（2）广告文案和设计

应精心构思并设计具有吸引力的广告文案、醒目的标题和图像，融入多种创意元素，增强营销活动的吸引力和影响力。

（3）创意开发

围绕既定的营销目标和市场定位，应努力创造出既有趣味性又独具特色、引人注目的创意内容，从而有效地吸引目标受众的关注。

4. 广告投放和营销推广

（1）广告定位和投放

应深入分析目标受众的具体特征和需求，从而确立精确的广告定位策略，确保将广告准确地投放到最适宜的媒体渠道。

（2）社交媒体广告

应利用社交媒体平台的广告功能，根据受众的独有特点和行为习惯，实施有针对性的广告推送，使广告效果最大化。

（3）搜索引擎广告

应借助搜索引擎的广告投放系统，精准地展示相关广告，从而有效提升品牌的曝光度和广告的点击率。

（4）媒体合作推广

应积极与相关媒体和网站建立合作关系，通过各种形式（横幅广告、活动赞助等）进行品牌推广，扩大品牌影响力。

5. 数据分析和评估

（1）数据收集和监测

利用专业的数据分析工具和技术手段，系统地收集网站访问流量、页面点击率及转化率等各项相关数据。

（2）数据分析和优化

在详尽的数据分析基础上，对营销策略及其实施方式进行持续的精细化调整和优化，以期提升营销活动的成效和收益。

（3）追踪和评估

应定期追踪并评估网络营销活动的实际成效，检验其是否达到预设的目标。

6. 执行和监控

（1）营销活动执行

根据既定的计划和策略框架，切实执行网络营销活动方案，涵盖内容发布、在线广告投放以及社交媒体平台互动等多个层面。

（2）监控和反馈

定期监控营销活动的实施效果，及时回应客户的互动需求和疑问，维系良好的客户关系。

7. 持续优化和改进

（1）监测和评估

定期评估网络营销活动的效果及目标达成情况，准确识别存在的问题和可挖掘的潜在机会。

（2）持续优化

以评估结果为依据，灵活调整营销策略和实施方式，从而实现网络营销方案的持续优化。

通过科学的规划布局与精准的创新策略，网络营销活动能够顺利推进，并最终取得预期的市场推广成效。

示例参考

休闲食品网络营销策划方案

一、营销策划目标与任务

本次网络营销策划的核心目标是成功推广休闲食品，在激烈的网络市场竞争中提升品牌的知名度，拓展市场规模，赢得消费者的青睐，实现企业利润最大化，并获得网络消费者的广泛认同。

二、产品概述

休闲食品以其独特的美味和为消费者带来的愉悦休闲体验为主要卖点，并非仅仅作为营养补充。其消费特点可归纳为风味型、营养型、享受型和特产型，适合各年龄段人群，涵盖儿童、青少年、成人及老年人。

中国休闲食品市场是一个庞大且快速增长的市场，呈现出以下主流趋势：

1. 产品越来越贴合人们的饮食习惯与心理需求，强调适口性，如汤汁丰富、易于咀嚼吞咽及消化，同时追求口感的创新与多样性，满足消费者的求新心理。健康因素在消费者购买决策中的重要性日益凸显。

2. 产品设计更符合人们的购买与消费习惯，注重外观吸引力，以及购买的便捷性、时效性。

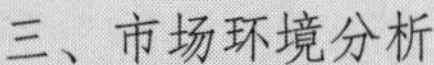

三、市场环境分析

1. 休闲食品行业环境

近年来，国内休闲食品行业发展势头强劲，市场规模持续扩大。得益于生产技术的不断进步和下游需求的增长，该行业在国内外市场均展示出良好的发展前景。

2. 网络客户分析

随着互联网的广泛普及，网络消费者数量持续增长，其中18~24岁年龄段的年轻人占比居首。学生群体在网络消费者中占有较大比重。网络购物作为一种新兴的消费模式，以其安全、便捷的特性逐渐受到大众的青睐。

3. 休闲食品特征分析

年轻消费群体正成为市场的主力，健康食品占据市场主导地位。不同品类的休闲食品受欢迎程度差异显著。高收入家庭是休闲食品的主要消费群体，且产品更新换代速度较快。

四、目标客户群体分析

少年儿童和年轻女性成为休闲食品的主要消费群体。休闲食品已不再是儿童的专属，成年人和年轻女性正逐渐成为消费的主力军。相关调查结果显示，高中/中专及大专学历、18~24岁的年轻女性是引领休闲食品消费的核心群体，而31~35岁年龄段的男性对休闲食品的兴趣相对较低。

五、网络营销盈利模式

除了建立企业产品网站、在电子商务平台开设网店、网络广告推广等传统网络营销盈利模式外，还可考虑融入微博推广及与大型团购网站进行合作等新兴盈利模式，提升品牌知名度和促进销售。

六、4P营销组合策略

1. 产品策略

塑造健康休闲食品的品牌形象，并积极推广绿色有机的零食产品。

2. 渠道策略

在各大销售平台设立网络店铺；利用微信、微博等社交媒体进行产品推广；与大型团购网站携手开展团购活动，吸引更多消费者的关注和购买。

3. 价格策略

开展限时折扣、定时定量竞拍、积分兑换等多样化优惠活动，以吸引并维系消费者。

4. 促销策略

开展免费试吃、微博转发抽奖、休闲食品知识问答等互动性强的线上活动，提高消费者的参与度和品牌的曝光率。

学习活动

● 活动 1　根据以下材料，按照步骤完成网络营销方案的策划。

步骤 1：4 ~ 5 人为一组，对材料中的女装品牌进行分析。

步骤 2：4 ~ 5 人为一组，完成网络营销策划方案的准备。

步骤 3：4 ~ 5 人为一组，每位成员为该女装品牌撰写网络营销策划方案的相关内容。完成撰写后，小组内部进行自评，选出最佳文案。

材料：

时尚潮流不断变化，而当代女性对时尚的热爱与追求始终如一。某女装品牌深谙此道，专为热爱时尚、崇尚个性的女性量身打造系列女装，其丰富的色彩及时尚元素成为女性展现自身魅力和自信的理想之选。

在某女装品牌的系列女装中，色彩的运用尤为出彩。品牌提供了五彩缤纷的调色选择，从鲜亮的太阳黄到深邃神秘的深红，再到永恒经典的黑白灰，每一系列都呈现出别具一格的色彩搭配。这些色彩赋予穿着者无尽的活力与光彩，更助其塑造独一无二的个人风尚。

除了对色彩的精妙运用，该女装品牌还十分注重款式设计。其设计师团队不断捕捉最前沿的时尚灵感，并巧妙地将这些元素与传统剪裁技艺相结合，打造出既具有现代气息又不失艺术美感的服饰。精致的褶皱、别致的图案、创新的拼接以及流行的印花，每一处细节都彰显时尚魅力。

● 活动 2　某女装公司在新品上市之际，为提升产品的市场曝光度，运营团队特委托推广部门精心策划一套网络营销方案。此次推广计划的内容、形式不限，核心目标在于有效传达女装的独特卖点，激发消费者的购买意愿，从而促进产品的销售转化。在策划过程中，应紧密结合产品的特性与优势，融入创新思维，精心制定网络营销策略，充分展示产品的核心价值与卖点，吸引潜在客户购买。

学习评价

根据学习单元评价表（见表 2-3-1），学生完成自我小结并进行自我评分，教师根据学生活动情况进行点评并完成教师评分，最后按自我评分 ×40%+ 教师评分 ×60% 计算得分。

表 2-3-1　学习单元评价表

学习单元	网络营销方案策划				
模块	评价内容	配分	自我评分	教师评分	得分
知识技能	掌握网络营销方案策划的基本原则	10			
	掌握网络营销方案策划的准备活动内容及方法	10			
	掌握网络营销方案策划的内容	10			
	能进行网络营销方案策划准备	10			
	能完整地策划网络营销方案	10			
	能评估和调整网络营销方案策划的效果，并提出改进建议	10			
职业素养	具备信息收集和处理的能力	10			
	具备一定的团队合作和沟通能力	10			
	工作态度认真、细致、严谨	10			
	具备一定的创新能力	10			
任务评价				合计得分	

模块三 网络营销策略

模块概述

网络营销策略是企业在互联网环境下，全面利用各类手段与资源，旨在达成营销目标的一系列系统性方法。其中，产品策略、价格策略、渠道策略及促销策略构成了网络营销的四大支柱，即著名的4P策略。此策略组合侧重于企业视角，通过精心策划产品、价格、渠道及促销活动，契合市场需求，从而达成企业的营销目标。

与此同时，客户策略、成本策略、便利策略及沟通策略（即4C策略）则从消费者立场出发，重视消费者的需求与期望，并着眼于消费者在购物过程中所面临的成本、便利性及沟通难题。

4P策略与4C策略相互依存、互为影响，共同铸就了网络营销策略的完整架构。企业若能科学且合理地规划并实施这些策略，便能在互联网环境中最大化地实现其营销目标，进而推动品牌的持续成长与市场的不断开拓。

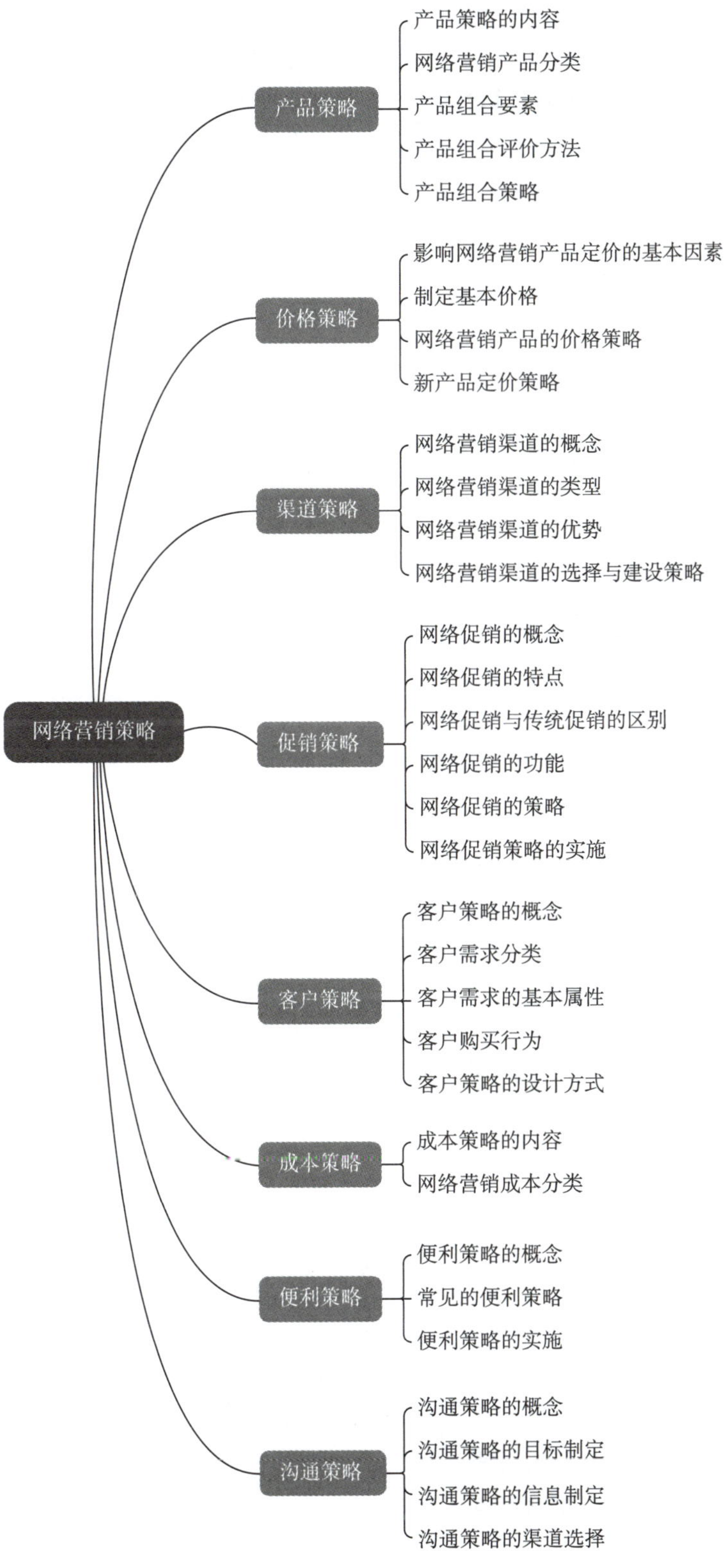

- 网络营销策略
  - 产品策略
    - 产品策略的内容
    - 网络营销产品分类
    - 产品组合要素
    - 产品组合评价方法
    - 产品组合策略
  - 价格策略
    - 影响网络营销产品定价的基本因素
    - 制定基本价格
    - 网络营销产品的价格策略
    - 新产品定价策略
  - 渠道策略
    - 网络营销渠道的概念
    - 网络营销渠道的类型
    - 网络营销渠道的优势
    - 网络营销渠道的选择与建设策略
  - 促销策略
    - 网络促销的概念
    - 网络促销的特点
    - 网络促销与传统促销的区别
    - 网络促销的功能
    - 网络促销的策略
    - 网络促销策略的实施
  - 客户策略
    - 客户策略的概念
    - 客户需求分类
    - 客户需求的基本属性
    - 客户购买行为
    - 客户策略的设计方式
  - 成本策略
    - 成本策略的内容
    - 网络营销成本分类
  - 便利策略
    - 便利策略的概念
    - 常见的便利策略
    - 便利策略的实施
  - 沟通策略
    - 沟通策略的概念
    - 沟通策略的目标制定
    - 沟通策略的信息制定
    - 沟通策略的渠道选择

学习单元 1　产品策略

学习目标

知识目标

1. 了解产品策略的内容。
2. 了解网络营销的产品分类、产品层次和产品组合要素。
3. 掌握产品组合策略。

技能目标

1. 能分辨不同的产品分类。
2. 能分辨不同的产品层次。
3. 能实施产品组合策略。

相关知识

一、产品策略的内容

在网络营销领域，产品策略占据至关重要的地位。企业的营销活动始终以满足客户需求为核心目标，而实现这一目标的关键，在于提供富有吸引力的产品和服务。因此，产品策略不仅构成了企业营销活动的基础，更是决定其成功与否的要素。

相较于传统营销，网络营销中的产品策略在理论上并无二致，但在实践应用中则需融入互联网思维。在策划网络营销产品策略时，企业应充分利用网络的交互性与即时性，构建更紧密的客户关系。例如，在新产品的研发阶段，企业便可借助网络平台，积极征集客户的意见与建议，甚至邀请客户直接参与到产品的研发与设计过程中。这种以客户为中心的产品开发模式，能够确保产品更贴近市场需求，进而提升产品的市场认可度。

随着电子商务时代的到来，产品的生命周期已大幅缩短，更新迭代的速度日益加快。这就要求企业在制定网络营销产品策略时，应突出更高的灵活性与敏捷性，以便迅速响应市场变化并做出相应调整。同时，产品的创新性与差异性亦不容忽视，这是企业在激烈的市场竞争中脱颖而出的关键。

综上所述，网络营销中的产品策略要求企业在充分发挥互联网优势的基础上，紧密跟踪市场动态与客户需求，持续调整并优化产品策略，从而确保企业在网络营销领域能够取得卓越成果。

二、网络营销产品分类

网络营销作为一种崭新的商业模式，具有广泛的商品适用性。依据商品形态的差异，适用于网络营销的商品可划分为三大类别，即实体商品、软件商品以及在线服务。

1. 实体商品

实体商品构成网络营销的重要一环，其中囊括了工业产品、农业产品及各式民用品。客户可通过在线浏览与选择，实现商品的便捷购买。相较于传统购物模式，网络营销中的实体商品交易显得更为高效与便捷。客户可访问销售者的主页，获取商品的详尽信息，并通过点击选项选择品种、质量、价格及数量。销售者则通过邮寄或送货上门的方式完成交易，这与传统的邮购服务颇为相似。

在工业产品领域，计算机硬件、家用电器等高价值、标准化的产品极其适合网络营销。这些产品具备明确的规格与功能，客户可通过网络获取详尽的产品信息，进而作出购买决策。此外，文化产品如书籍等，亦是网络营销中的热门之选。这些产品蕴含着丰富的文化内涵，并拥有广泛的受众基础，网络营销能为客户提供更加多元的选择与便捷的购买途径。

2. 软件商品

软件商品在网络营销中占据另一重要地位，其范围包括各类软件、游戏，以及电子图书、电子报刊、新闻资讯、研究报告和学术论文等信息库的查询与检索服务。这些商品以数字化形式存在，具有无形性、易于复制和传播的特点，非常适合网络营销。

数字化产品与媒体商品在网络营销中的地位举足轻重。例如，电子报刊和电子图书可通过网络迅速传播，不仅降低了成本，还拓展了受众覆盖面。随着人们环保意识的提升和纸张价格的攀升，数字化信息传播的优势将凸显，有望在未来成为出版的主流形式。

3. 在线服务

在线服务是网络营销中别具一格的商品类别，包含信息咨询服务、互动式服务以及网络预约服务等多种类型。这些服务通过互联网为用户提供便捷、高效的解决方案，满足用户的多样化需求。

对于信息咨询服务而言，网络堪称理想的传播媒介。用户上网的主要动机之一就是获取信息，因此信息服务能够恰如其分地满足这一需求。例如，法律咨询服务和股

市行情分析服务便可通过网络提供专业且及时的信息支持。

互动式服务（网络交友服务和远程医疗服务）则充分利用了网络的交互性特征，为用户提供更加个性化、互动性强的服务体验。此类服务能够打破地域界限，使用户享受到更为丰富多样的服务。

网络预约服务（预订机票、车票等）通过网络简化了传统的预约流程，为用户节省了宝贵的时间和精力。此类服务的便捷性和高效性使其在网络营销中具有显著的价值。

三、产品组合要素

产品组合是指企业为满足市场需求，通过不同产品线、产品项目及产品规格的组合，构建出具备一定宽度、长度、深度和关联度的产品体系。该体系的构建与优化，对于推动企业实施销售策略及增加利润具有深远影响。以下为产品组合的四大核心要素：

1. 产品组合宽度

产品组合宽度即企业所拥有的产品线数量。产品线指的是一组密切相关、功能相近或采用相同生产技术、面向相似客户群体的产品项目集合。产品组合宽度的拓展，意味着企业业务范畴的延伸，可能触及跨行业或多领域经营。通过拓宽产品组合，企业得以全面利用自身资源与优势，进而提升经营效益，并降低对单一市场的依赖。

2. 产品组合长度

产品组合长度是指企业所有产品线中包含的产品项目总数。产品项目为产品线内具备不同规格、型号、样式或价位的基本单元。产品组合长度增加，表明企业为客户提供了更为丰富的产品选择，从而更好地满足各个细分市场的需求。通过增设产品项目和规格，企业能够吸引更多元化、需求各异的消费群体。

3. 产品组合深度

产品组合深度可以反映每条产品线中不同品种的数量，揭示企业在特定细分市场的服务能力。通过增加产品的规格、型号、样式及色彩等，企业得以更精准地满足目标市场的需求，从而提升客户的满意度与忠诚度。产品组合深度的拓展，有助于增强企业在特定市场的竞争优势，扩大市场份额。

4. 产品组合关联度

产品组合的关联度涉及企业各产品线在最终使用目的、生产条件、销售渠道等方面的相互联系。高关联度的产品线能够带来规模效应与范围效应，进而提升企业的品牌影响力和市场地位。通过辨识并加强产品线间的关联度，企业可实现资源共用、成本削减及市场协同效应，最终提升整体竞争力与盈利能力。

在构建和优化产品组合的过程中，企业应综合考虑市场需求、竞争环境、自身资源及能力等多方面因素，形成最佳的产品组合策略，从而推动销售增长与利润提升。

四、产品组合评价方法

常用的分析产品组合是否完备与均衡的方法被称作三维分析图。在三维空间坐标体系中，以 *X*、*Y*、*Z* 三个坐标轴分别代表市场占有率、销售增长率及利润率。而每个坐标轴又被细分为高、低两个区段，由此可得出八种潜在的位置分布，如图 3–1–1 所示。

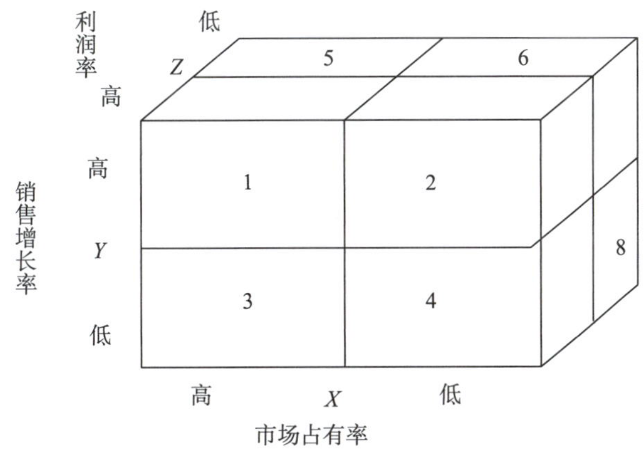

图 3–1–1　产品组合三维分析图

倘若企业的大部分产品项目或产品线位于 1、2、3、4 号区位，那么可视为产品组合已达到理想状态。鉴于任何产品项目或产品线的利润率、销售增长率和市场占有率都会经历一个由低至高再至低的演变过程，因此不能奢求所有产品项目同时处于最佳状况，即便偶然达到，也难以持久。因此，企业所追求的最优产品组合应涵盖以下产品：虽暂无盈利，但展现出良好发展前景，并有望在未来成为主导的新产品；已实现高利润率、高销售增长率及高市场占有率的核心产品；利润率仍旧可观，但销售增长率已呈下降趋势的稳健型产品；已确定淘汰，并逐步缩减投资以降低企业损失的衰退期产品。

五、产品组合策略

企业在调整产品组合时，可根据不同情况选择以下策略：

1. 扩充策略

产品组合的扩充策略主要涉及增加企业网络营销产品组合的广度或深度，进而增加产品组合的长度。增加产品组合的广度是指在现有产品组合中新增一个或多个产品线，以拓宽企业网络营销产品的范围。增加产品组合的深度则是指在现有产品线内引入新的产品项目。通过增加企业网络营销产品组合的广度，企业能够更充分地利用各项资源，提升效益并降低风险。同时，增加产品组合的长度和深度可以使产品线更加丰富多样，满足广大网络客户的差异化需求和偏好，进而吸引更多客户并占领更多的细分市场。

2. 缩减策略

与扩充策略相反，缩减策略意味着企业减少网络营销的产品线数量或缩减某一产品线内的产品项目数量。

3. 延伸策略

延伸策略是指突破企业网络营销原有产品档次的范围，延长产品线的策略，是实现产品组合扩充的重要途径。延伸策略包括向下延伸、向上延伸和双向延伸。

（1）向下延伸

向下延伸是指原本生产或经营高档产品的企业逐渐引入一些低档产品。当企业的高档产品因各种因素带来经营风险时，此策略尤为适用。

（2）向上延伸

向上延伸是指企业网络营销原本主要经营低档产品，现在逐渐增加中高档产品或业务。此策略通常适用于以下情况：一是高档产品市场具有较高的销售增长率和毛利率；二是企业追求完整、齐全的高、中、低档产品线；三是通过引入某些高档产品提升整条产品线的档次。

（3）双向延伸

双向延伸是指经营中档产品的企业在一定条件下，同时向高档和低档两个方向延伸。此策略有助于提高企业的竞争地位，击退竞争对手，并夺取市场领先地位。

案例启示

瑞幸咖啡的跨界合作

“美酒加咖啡，品味生活新搭配。”2023年9月5日，瑞幸咖啡与贵州茅台的联手创新——酱香拿铁在网络上引起了热烈反响，其风头一时无两，甚至可与华为 Mate 60 的关注度相媲美。

这次别具一格的跨界携手，不仅引发了市场的广泛关注，更赢得了众多专业人士的赞誉与支持，将此次合作誉为国潮兴起的杰出代表。有热心的消费者甚至精确计算出了一杯酱香拿铁中所含的茅台酒量，结果令人意外地发现“消费者还赚到了”。

这款酱香拿铁在上市首日便创下了542万杯的销售奇迹，销售额更是冲破了1亿元大关，实现了双方共赢的辉煌业绩。此次合作成功地将白酒文化融入年轻市场，书写了一段跨界合作的新传奇。

学习活动

● 活动1 运用所学知识，判断表3-1-1中所列举的产品的分类，并深入探讨网络营销过程中应重点关注并了解产品的哪些核心信息。

表3-1-1 产品信息表

产品	所属类别
纸质图书	
电子书	
抢票软件	

● 活动2 访问蒙牛官网，深入探究该品牌产品的宽度、长度与深度，详细记录各类产品的名称，并整理填入表3-1-2中。

表3-1-2 蒙牛产品的长度、宽度与深度

产品组合长度	
产品组合宽度	
产品组合深度	

学习评价

根据学习单元评价表（见表3-1-3），学生完成自我小结并进行自我评分，教师根据学生活动情况进行点评并完成教师评分，最后按自我评分 ×40%+ 教师评分 × 60% 计算得分。

表 3-1-3　学习单元评价表

学习单元	产品策略				
模块	评价内容	配分	自我评分	教师评分	得分
知识技能	了解产品策略的内容	10			
	了解网络营销的产品分类、产品层次和产品组合要素	10			
	掌握产品组合策略	10			
	能分辨不同的产品分类	10			
	能分辨不同的产品层次	10			
	能实施产品组合策略	10			
职业素养	具备信息收集和处理的能力	10			
	具备一定的团队合作和沟通能力	10			
	工作态度认真、细致、严谨	10			
	具备一定的创新能力	10			
任务评价				合计得分	

学习单元 2　价格策略

学习目标

知识目标

1. 了解影响网络营销产品定价的基本因素。
2. 熟悉制定基本价格的流程与方法。
3. 掌握基本的价格策略。

技能目标

1. 能对单品进行定价。
2. 能对组合品进行定价。

相关知识

一、影响网络营销产品定价的基本因素

1. 成本因素

成本构成了商品价格的底线，为确保盈利，任何商品的定价都应高于其成本。

2. 供需关系

商品的供需关系对价格制定具有显著影响。在商品供应超过市场需求时，下调价格可能有助于提升销量；而在商品供不应求的情况下，适度提价则有助于增加利润空间。此外，商品的供需弹性也会对企业的定价策略产生影响。通常，对于需求价格弹性较大的商品，企业可能会采用薄利多销的策略；而对于需求价格弹性较小的商品，企业则可能更倾向于设定较高的价格。

3. 竞争因素

在制定商品价格时，企业必须充分考虑竞争对手的市场策略，并据此调整自身的定价。一般而言，基于竞争对手的定价策略主要有高于竞品的定价、低于竞品的定价或与竞品保持一致的定价三种。

4. 其他因素

除了上述因素外，网络营销中的定价还会受到产品特性、分销渠道、消费者心理、宏观与微观经济环境、促销活动以及企业的定价目标等多重因素的影响。

二、制定基本价格

在制定基本价格时，企业应综合考虑以下关键因素：

1. 定价目标

企业的定价目标应基于满足市场需求和实现盈利的双重考量。这不仅是实现企业经营总目标的保障和途径，同时也为企业的定价策略和定价方法提供了明确的指导依据。企业的定价目标包括利润最大化、市场占有率最大化、确保预期投资收益率、产品质量最优化、维持企业生存、履行社会责任、与中间商保持良好关系等。

2. 确定需求

价格变动对市场需求具有显著影响。在常规市场环境下，市场需求往往与价格变动呈负相关。具体来说，当价格上升时，市场需求会减少；而当价格降低时，市场需

求则会相应增加。因此，通常可以看到需求曲线是向下倾斜的，这体现了价格与需求量之间的反比关系，如图 3–2–1 所示。

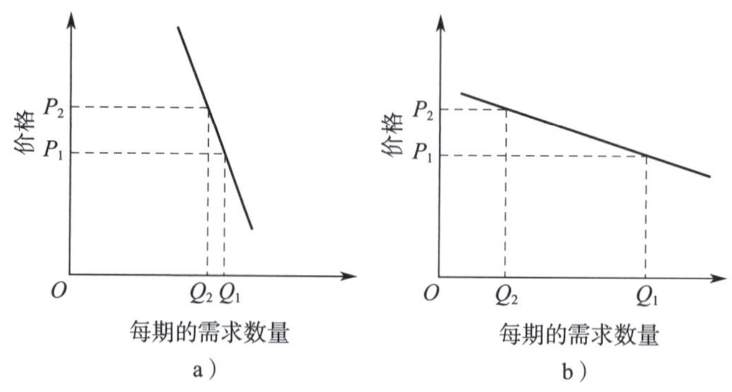

图 3–2–1　价格与市场需求的关系

a）需求缺乏弹性　b）需求富有弹性

企业在定价时，必须充分考虑需求的价格弹性，即市场需求对价格变动的敏感程度。若价格变动对需求的影响较小，这种情况称为需求缺乏弹性；反之，若价格变动显著影响需求，则称为需求富有弹性。需求的价格弹性可通过以下公式确定：

需求的价格弹性 = 需求量变动百分比 / 价格变动百分比

在下述情况中，市场需求可能表现出缺乏弹性：替代产品稀少或根本不存在，同时市场上也缺乏竞争者；消费者对价格变动不敏感；消费者改变购买习惯较为缓慢，且在寻找更低价格产品时反应迟钝；消费者认为产品质量有所提升，或者由于通货膨胀等因素的影响，他们认为较高的价格是合理的。

若某产品不符合前述条件，则其市场需求将富有弹性。在此情形下，企业应通过适度降价策略刺激市场需求，从而促进产品销售，实现销售收入的增加。

3. 估计成本

估计成本指的是那些尚未实际发生，而是依据相关资料预先估算的成本。

市场需求在很大程度上为企业设定了一个价格的上限，而成本则构成了价格的底线。价格应涵盖产品生产、分销及推广的所有成本，同时还应包括员工为企业所付出的努力和所承担的风险的合理回报。

成本可分为固定成本和变动成本两类。固定成本是指在短期内不会随企业产量和销售收入变化而改变的生产费用，如厂房设备的折旧费、租金、利息及行政人员的薪金等，这些成本与企业的生产水平无直接关系。而变动成本则会随着生产水平的变化而直接变动，如原材料费用和工资等。当企业停止生产时，变动成本将归零。

4. 选择定价方法

定价方法是指企业在明确的定价目标指引下，基于对成本、市场需求及竞争态势的综合分析，运用价格决策的相关理论，计算和确定产品价格的具体策略。主要的定价方法包括成本导向定价法、竞争导向定价法和客户导向定价法 3 种。

（1）成本导向定价法

成本导向定价法是以产品的单位成本为基础，结合预期利润确定价格的方法。这种方法是国内外企业普遍采用的一种基本定价策略。从成本导向定价法中还衍生出了几种具体的定价策略，包括总成本加成定价法、目标收益定价法、边际成本定价法和盈亏平衡定价法。

1）总成本加成定价法：在此策略下，企业会全面考虑生产某一产品所产生的所有耗费，并将其计入成本。首先计算单位产品的变动成本，然后合理分摊相应的固定成本，最后根据设定的目标利润率确定产品的价格。

2）目标收益定价法：这种方法也被称为投资收益率定价法。它主要基于企业的总投资额、预期的销售量以及投资回收期等因素综合确定产品的价格。

3）边际成本定价法：边际成本表示每增加一个或减少一个单位产品时，总成本所产生的变化量。由于边际成本与变动成本相近，且变动成本更易于计算，因此在定价实际操作中，常使用变动成本替代边际成本。这也使得边际成本定价法常被称作变动成本定价法。

4）盈亏平衡定价法：在销售量固定的情况下，为了确保企业不亏不赚、收支平衡，产品的价格需要达到一个特定的水平。这个固定的销售量被称为盈亏平衡点。基于这一点确定价格的方法即被称为盈亏平衡定价法。为了实施这种方法，企业需要对销售量进行科学预测，并准确了解固定成本与变动成本。

（2）竞争导向定价法

在高度竞争的市场环境中，企业会深入研究竞争对手的生产状况、服务质量、定价水平等，并结合自身的竞争能力、成本考量以及市场供需情况，确定产品的价格。这种基于市场竞争态势设定价格的方法，就是竞争导向定价法，主要包括以下几种具体方法：

1）随行就市定价法。在垄断竞争或完全竞争的市场环境下，单一企业很难凭借自身实力取得市场的绝对优势。为规避由价格竞争引发的潜在损失，多数企业会选择采用随行就市定价法，即将产品价格设定为市场平均水平，以此获取行业的平均利润。此外，这种定价策略使企业无须深入探究消费者对价格差异的敏感度，同时也有助于稳定市场价格。

2）产品差异化定价法。此法是指企业通过差异化的市场营销策略，使消费者在心理上对相同或相似产品产生不同的认知，进而根据产品特性，选择设定高于或低于竞争对手的价格。因此，产品差异化定价法被视为一种主动出击的定价策略。

3）密封投标定价法。在国内外市场中，大宗商品、原材料、成套设备以及建筑工程项目的采购与承包，乃至小型企业的出售等，常通过招标与投标的方式选定承包商并确定最终价格。通常情况下，招标方为单一主体，拥有相对的市场垄断地位，而投标方则为多个，处于相互竞争的状态。投标价格由各家企业在独立无干扰的情况下自行确定。在众多投标者中，报价最低者往往能够中标，其所报价格即成为最终的承包价格。这种基于竞争性投标的定价方式称为密封投标定价法。

（3）客户导向定价法

现代市场营销理念强调，企业的所有生产经营活动必须紧密围绕客户需求展开，并在产品特性、定价、分销渠道和促销活动等方面得到全面体现。根据市场需求的实际状况以及客户对产品感知价值的差异确定价格的方法，称为客户导向定价法，也称为市场导向定价法或需求导向定价法，主要包含以下几种具体方法：

1）感知价值定价法。感知价值指的是客户对某一商品价值的主观评估。采用感知价值定价法时，企业基于客户对商品价值的感知程度设定价格，通过各种营销战略和手段影响客户对商品价值的认知，塑造有利于企业的价值观念，随后根据商品在客户心中的价值制定价格。

2）需求差异定价法。此方法强调产品价格应依据需求确定，企业首要考虑的是满足客户的不同需求，而将成本补偿置于次要位置。这种方法允许对同一市场上的同一商品设定两个或更多的价格，或者使不同商品之间的价格差异大于其成本差异。其优势在于能够使企业定价更加贴近市场需求，从而促进商品销售，并有助于企业实现最佳的经济效益。

3）逆向定价法。运用此方法制定价格时，企业主要考虑的并非产品成本，而是市场需求，即根据客户可接受的最终销售价格，逆向推导出中间商的批发价格和生产商的出厂价格。逆向定价法的特点是价格能够真实反映市场需求，有助于维护与中间商的良好关系，确保中间商的正常利润，使产品能够快速渗透到市场中，并根据市场供需变化灵活调整。

（4）各种定价方法的运用

企业可用的定价方法多种多样，应根据其经营战略、价格策略、市场环境以及经济发展状况等因素，灵活选择恰当的定价方法。

1）从本质上讲，成本导向定价法是一种以卖方为中心的定价方法。但此方法可能忽视了市场需求、竞争态势以及价格水平的变化，有时甚至会与企业的定价目标相悖。此外，采用该方法所制定的价格通常基于对销量的主观预测，这在一定程度上削弱了价格制定的科学性和准确性。因此，在使用成本导向定价法时，企业必须充分考虑市场需求和竞争环境，以此确定最终的市场价格。

2）竞争导向定价法则是以竞争对手的价格作为参考。其特点是价格与商品的成本和需求不直接相关；即使商品成本或市场需求发生变化，只要竞争者的价格保持稳定，企业就应维持原价。相反，即便成本和需求均未发生变化，若竞争者的价格有所调整，企业也应相应地调整其商品价格。当然，为了实现定价目标和整体经营战略，谋求长远发展，企业可以在其他营销策略的配合下，设定高于或低于竞争对手的价格，而无须与竞争对手的产品价格完全保持一致。

3）客户导向定价法是一种以市场需求为核心的定价策略。在此方法下，价格会根据市场需求的变化而调整，与成本因素无直接关系。这种方法充分体现了现代市场营销的理念，即企业的所有生产经营活动都应以客户需求为中心。

5. 选定最终价格

企业最后确定的价格必须考虑以下因素：

（1）最终价格应与企业定价政策保持一致。定价政策涵盖了企业对价格折扣的明确态度以及对竞争者价格的应对策略。

（2）最终价格必须符合政府相关部门政策和法规的规定。

（3）除此之外，最终价格还需考虑消费者的心理。可以利用消费者的心理特点，采用声望定价策略，将实际价值不高的商品价格设定为较高水平（如将实际价值 10 元的香水定价为 100 元）。另外，也可以采用奇数定价法（如将一台电视机的价格定为 1 299 元），以刺激销售。

（4）在确定最终价格时，还应征询企业内部相关人员（如销售人员、广告人员等）对定价的看法，同时考虑经销商、供应商对所定价格的意见，并预估竞争对手对所定价格的可能反应。

三、网络营销产品的价格策略

1. 低价定价策略

相较于传统销售渠道，利用互联网进行销售具有更低的成本，因此网络销售价格普遍低于实体市场价格。低价定价策略主要包括以下两种：

（1）直接低价定价策略

直接低价定价策略是指企业为其商品设定一个相对较低的价格。例如，戴尔公司计算机产品的定价通常比其他公司同性能产品低 10%～15%。这种策略的基础在于，通过互联网营销，企业能够大幅节省成本费用。

（2）折扣定价策略

折扣定价策略是指在原价的基础上打折确定销售价格。这种策略能够让客户直观地了解到产品的降价幅度，从而刺激其购买意愿。这类价格策略一般会参考市场上的流行价格进行折扣定价。例如，京东商城的图书销售价格普遍有折扣，折扣幅度甚至可达 3～5 折。

1）数量折扣。数量折扣也称为批量折扣，即根据客户购买数量的多少，企业给予不同的折扣。这种折扣可以分为一次性折扣和累进折扣两种。

2）季节折扣。季节折扣策略主要应用于具有明显淡旺季特征的产品或服务，如服装等。其主要目的是鼓励客户在淡季购买，以减少库存压力，加快资金周转，并降低企业的经营成本。需要注意的是，此策略与功能折扣不同，不应混淆。

3）现金折扣。现金折扣即根据客户消费的金额给予折扣。此策略旨在鼓励客户增加购买量，只要购买金额达到规定标准，即可享受折扣。现金折扣可进一步分为一次性金额折扣和累计金额折扣。

4）功能折扣。功能折扣是指依据各类中间商在市场营销中的不同作用和功能，分别提供不同的折扣，折扣的大小主要根据中间商所承担的工作风险确定。通常，批发商获得的折扣较大，而零售商获得的折扣较小。常见的做法是先设定零售价格，然后按照不同的差价率顺序累加，以此制定各种批发价和零售价。例如，某商品的零售价为 200 元，对批发商和零售商的折扣率分别为 20% 和 10%，因此，批发商和零售商的折扣价格分别为 160 元和 180 元。

5）折让。折让主要包括旧货折价折让和促销折让两种形式。旧货折价折让是指客户在购买新产品时，企业允许客户交还同类旧产品，并在新产品价格上给予一定的折让。这种折让在耐用消费品的交易中尤为常见。而促销折让则是企业为了回报经销商参与广告活动和支持销售活动而支付的款项或提供的价格折让。

6）优惠券。优惠券是一种常见的折扣方式，客户只需持有优惠券即可享受消费优惠。这些优惠券可以是电子形式的也可以是实物形式的。

2. 定制生产定价策略

定制生产指的是企业根据客户的不同需求进行生产和销售，以满足客户的个性化需求。

在定制生产的基础上，定制定价策略应运而生。它利用先进的网络技术和辅助设计软件，协助客户挑选配置或自行设计符合个人需求的独特产品，并确保客户所支付

的价格与其预期相符。例如，戴尔公司的客户可以通过官方网站浏览各型号产品的基本配置与功能，并根据自身实际需求和预算范围，自由搭配出最符合个人喜好的产品。这种策略使客户能够一次性选购到心仪的产品。

3. 使用次数定价策略

使用次数定价策略即客户在使用网络上的某种产品或服务时，根据其使用次数付费。目前，网络上有许多产品或服务都是基于使用次数定价的，如电影、音乐、软件及游戏等。

企业在实施使用次数定价策略时，应综合考虑产品是否适宜通过网络传输以及是否支持远程访问。以用友软件公司推出的网络财务软件为例，客户完成在线注册后，便可直接在网上进行账务管理，无须另行购买软件，同时也省去了软件升级和维护的烦恼。此外，对于电影产品，通过视频点播系统可实现远程点播，用户无须购买实体影碟。然而，采用按使用次数定价的策略对互联网的带宽有较高要求，因为大量的信息需要通过互联网进行传输，如果互联网带宽不足，将会影响数据的顺畅传输，进而影响用户的使用体验，如观看电影的流畅性。

4. 免费价格策略

免费价格策略是市场营销中的一种常用策略，它主要应用于产品的促销和推广。在网络营销领域，免费价格策略不仅作为促销手段，更是一种极为有效的产品和服务定价方法。

具体而言，免费价格策略是指企业将产品或服务以零价格的方式提供给客户使用，满足客户的需求。免费价格的形式见表 3-2-1。

表 3-2-1　免费价格的形式

免费形式	免费内容
完全免费	产品或服务完全免费
限制免费	产品或服务可以免费数次，超过之后就要收费
部分免费	产品或服务只有一部分免费，购买完整产品或服务要付费
捆绑式免费	主要产品需要付费，附赠品和服务免费

5. 配套定价策略

配套定价策略是指企业将两种或两种以上具有关联性的商品组合在一起，并制定一个统一的价格。常见的做法是将这些商品捆绑销售或装入同一包装内，例如将牙膏与牙刷、茶壶与茶杯等捆绑销售。此策略能够有效地激发客户的购买欲望，有助于促

进多种商品的同步销售。

6. 尾数定价策略

尾数定价策略是指企业在定价时，尽量使价格的尾数呈现出非整数的形态，通常是以较小的零头结尾。这种做法旨在给客户一种价格低廉的直观感受，并让客户觉得该价格是经过精心计算的，从而增强信任感。然而，对于需求价格弹性较小、选择余地有限的商品，此策略的效果可能并不显著，它更适用于价格低廉的商品。在中国市场，商家常喜欢用“8”或“9”作为价格尾数，这不仅寓意“发财”和“长久”，同时也给客户带来一种价格实惠的错觉。

7. 整数定价策略

整数定价策略是指企业将商品价格设定为整数，通常以“0”作为尾数。这种策略多用于定价较高的商品。一些知名品牌和高端店铺常采用整数定价法，以提升商品的档次感，并间接提升客户的身份感。

8. 习惯定价策略

习惯定价策略是指企业根据客户的消费习惯和价格接受度确定商品价格。例如，日用消费品的价格在客户心中往往形成了一定的习惯性标准。对于某些商品，如果客户长期习惯于某个价格水平，企业在调整价格时应充分考虑这种习惯，避免突然的价格变动给客户带来不适感。

9. 特价品定价策略

特价品定价策略也被称为“招徕”定价策略，是指企业将某些商品的价格设定得低于市场价，并通过广泛宣传吸引客户的注意。采用这种策略的主要目的是通过低价商品吸引客户，进而促进其他正常价格商品的销售。

案例启示

广州本田的价格策略

广州本田所采取的价格策略极具借鉴意义。在产品供不应求的市场环境下，厂家释放的“价格炸弹”展现了其深邃的市场远见。2002 年，中国汽车产业首次超越电子产业，一跃成为推动工业增长的首要动力。尽管随着轿车关税的大幅降低，进口车价格并未像市场预期的那样下滑，但广州本田的总经理门胁轰二

对此似乎已有先见之明。他明确指出，关税的下调是一个渐进的过程，而进口车的数量则受到政府的严格调控，因此在短期内不会出现大幅增长。基于此，广州本田郑重宣布，其2002年的全线产品价格将维持不变。

自1998年成立以来，广州本田成功地将第六代雅阁引入国内生产，并迅速在市场上取得了很好的销售业绩。随着国产化率的持续提高和生产规模的逐步扩大，广州本田有效地降低了生产成本，为未来的价格战奠定了坚实的基础。2003年，北美版新雅阁（即第七代雅阁）震撼上市，打破了中档轿车市场原有的高价默契。其创新的定价策略为当年所有国产新车设定了新的标杆。广州本田趁此换代车型推出之际，对车辆配置进行了全面升级，同时大幅度降低了价格，这一举动在整个汽车行业引起了巨大的震动。

新雅阁的定价策略不仅成为中高档轿车市场的风向标，更对众多竞争对手的车型定价产生了深远影响。广州本田的这种定价策略在其后续车型的营销中得以持续实施，有力地推动了国产中高档轿车价格向"价值"的回归，进一步促进了中国轿车市场与国际市场的接轨。在过去的几年里，广州本田生产的数款车型在市场上一直供不应求，到了2023年，其销售量更是以117万辆的惊人数字实现了超过100%的增长，从而成为增长幅度最大的轿车生产商。

四、新产品定价策略

新产品定价策略在企业定价策略中占有重要地位。其合理性直接关系到新产品能否成功进入并占领市场，进而取得可观的经济效益，同时也对产品本身的命运和企业的发展前景产生深远影响。在新产品定价时，企业可考虑采用撇脂定价策略、渗透定价策略或满意定价策略。

1. 撇脂定价策略

撇脂定价也称取脂定价，是指在新产品推出市场之初，将价格设定在较高水平，旨在短期内实现丰厚利润，从而迅速回收投资并降低经营风险。这一策略名称中的"撇脂"源自鲜奶中撇取乳酪的比喻，象征着提取最精华部分。

采用撇脂定价的产品通常首先针对高收入群体和热衷于尝试新产品的消费者进行市场推广。这些消费者对新产品价格的敏感度相对较低，更看重产品的新颖性和独特性。在他们看来，新产品所带来的新价值和新体验值得支付更高的费用。有时，较高的定价甚至能增加产品的吸引力。因此，新产品上市之初，企业应抓住时机，在竞争者尚未进入市场之前，通过高价策略快速获取高额利润。随着生产规模的扩大，成本将显著降低，同时竞争者的进入和产品新颖性的减弱也会促使企业调整定价策略。

案例启示

极米的定价策略

极米作为一家深耕投影仪领域的品牌，凭借其产品的出众品质与优质的客户体验，在市场上占有一席之地。在产品定价方面，极米选择了具有代表性的撇脂定价策略。

该品牌主要面向的是追求顶级影音感受的消费者，这部分消费者对价格的敏感度相对较低，他们更关注的是产品的性能与品质。基于此，极米为产品设置了较高的价位，从而凸显其高端的市场定位与出色的产品品质。

借助撇脂定价策略，极米成功地塑造了自己的高端品牌形象，并有效地吸引了其核心消费群体，进而确保了较高的利润水平。这样的策略不仅强化了品牌的知名度，也使极米在竞争日趋激烈的市场上确保了自己的地位。

2. 渗透定价策略

渗透定价策略与撇脂定价策略截然相反，它是一种以低价为基础的新产品定价方法。在新产品刚进入市场时，企业将价格设定在较低水平，旨在迅速打开销路，扩大产品的市场占有率，以此谋求长期的市场领导地位。这种策略同样适用于老产品，以延长其市场生命周期。渗透定价被视为一种具有强大竞争力的薄利多销手段。采用此策略初期，企业获得的利润可能较低，甚至可能出现亏损。然而，通过减少竞争、开拓市场，企业有望长期实现较高的利润，因为随着销售量的增加，边际成本将降低，而边际收益将提高。一旦企业在市场中排除了竞争对手并占据了一定的市场份额，便有可能提高价格以增加利润。通常情况下，渗透价格不仅低于竞争对手的同类产品价格，也低于消费者的预期价格。

3. 满意定价策略

许多企业在为新产品定价时，既不会选择高价，也不会选择低价，而是倾向于设定一个中等价格，即满意价格。高价和低价策略各有其优缺点，并伴随着一定的风险。中等价格恰好位于这两者之间，旨在汲取高价和低价策略的优点，同时避免它们的缺点，因此被视为一种相对公平且正常的定价方式。在多数情况下，企业会倾向于选择一个对消费者、生产者和中间商都有利的满意价格——既不过高也不过低。

学习活动

● 活动 1　某乳品企业近期研发了一款新品。在制定此款产品的单价时，企业以维持生产扩展为目标确定定价策略。请分析该产品的需求弹性；鉴于该产品的单件生产成本为 1.5 元，请选择恰当的定价方法，并依据所选价格策略完成该单品的定价。

● 活动 2　某冷饮企业开发了一条全新的饮料产品线。在确定该产品线单品的平均售价时，企业以预期利润为定价目标。请评估该产品线的需求弹性；考虑到该生产线的总投资额为 500 万元，计划在 5 年内回收全部投资，且每年商品采购成本为 400 万元，预计年销售量为 100 万瓶，请选择适合的定价方式，并根据所定价格策略为该单品定价。

学习评价

根据学习单元评价表（见表 3–2–2），学生完成自我小结并进行自我评分，教师根据学生活动情况进行点评并完成教师评分，最后按自我评分 ×40%+ 教师评分 ×60% 计算得分。

表 3–2–2　学习单元评价表

学习单元	价格策略				
模块	评价内容	配分	自我评分	教师评分	得分
知识技能	了解影响网络营销产品定价的基本因素	10			
	熟悉制定基本价格的流程与方法	10			
	掌握基本的价格策略	10			
	能对单品进行定价	15			
	能对组合品进行定价	15			
职业素养	具备信息收集和处理的能力	10			
	具备一定的团队合作和沟通能力	10			
	工作态度认真、细致、严谨	10			
	具备一定的创新能力	10			
任务评价				合计得分	

学习单元 3 渠道策略

学习目标

- **知识目标**

1. 了解网络营销渠道的概念。
2. 了解网络营销渠道的类型。
3. 了解网络营销渠道的选择和建设策略。

- **技能目标**

能完成渠道策略的选择和建设。

相关知识

一、网络营销渠道的概念

营销渠道指的是产品或服务从生产者向消费者转移过程中所经过的具体通道或路径。相应地，网络营销渠道则是指企业通过互联网这一媒介，将产品有效地传递给消费者的特定通道或路径。

二、网络营销渠道的类型

网络营销渠道主要可划分为网上直销和通过网络中间商销售两种类型。

1. 网上直销

网上直销是指生产企业借助网络平台，直接将商品销售给最终消费者的模式。这种模式省略了中间商环节，消费者可在网络上自主完成商品的订购。与传统的直接分销渠道相似，网上直销同样不涉及营销中间商。然而，相较于传统渠道，网上直销在订货、支付和配送环节展现出更多优势。

通过构建网络营销站点，企业能为消费者提供一个便捷的在线订购平台。此外，企业可与电子商务服务机构（如网上银行等）合作，通过网站提供直接的支付结算服务，从而大幅简化传统直接分销渠道中的资金流转流程。

在配送环节，网上直销渠道能依托互联网技术构建高效的物流系统。同时，生产企业也可与专业物流公司携手，共同构建有效的物流配送体系，确保商品能够迅速且准确地送达消费者手中。

2. 通过网络中间商销售

（1）网络中间商的类型

得益于信息资源的丰富性和信息处理的快捷性，网络服务为产品搜索带来了极大便利。在网络环境下，一种新型中介——网络中间商应运而生。根据其业务模式的不同，网络中间商可分为以下几类：

1）目录服务商。目录服务商利用互联网上的目录化 Web 站点，为用户提供菜单驱动的搜索服务。其服务类型涵盖通用目录、商业目录及专业目录，分别针对不同范围和需求的站点进行检索。目录服务商的主要收入来源为广告。

2）搜索服务商。与目录服务商不同，搜索服务商为用户提供基于关键词的检索服务，服务背后依托大型数据库，分类存储了各类站点介绍和页面内容。

3）虚拟商业街。虚拟商业街指在一个站点内链接多个商业站点，通常限定于某一地理位置或特定类型的生产者和零售商。其主要收入来源为网上专卖店的店面租金。

4）网络内容提供商。网络内容提供商利用网络的即时性和交互性特点，为用户提供大量有趣且有用的信息，其收费通常基于广告访问次数。

5）虚拟零售店。虚拟零售店即网上商店，拥有自身的货物清单，并直接向用户销售产品，主要包括电子零售、电子拍卖和电子直销三种类型。

6）站点评估商。这是第三方机构，对网上商家进行评估，帮助客户选择合适的访问站点。

7）电子支付商。在电子商务交易中，电子支付商提供授权支付服务，例如信用卡、电子等价物等，并对每笔交易收取佣金。

8）虚拟市场。虚拟市场是网络中间商为物品交易者提供的虚拟交易场所，任何符合条件的产品均可在此展示和销售，站点管理者收取管理费用。

9）智能代理服务商。通过专门设计的软件，智能代理服务商为用户提供信息收集和过滤服务。用户可根据自身需求选择合适的智能代理服务商并支付费用。

（2）网络中间商的功能

与传统中间商相似，网络中间商同样扮演着连接生产者与用户的桥梁角色，协助用户进行购买决策并满足其需求，同时帮助生产者了解产品销售状况，降低交易成本费用。然而，网络中间商与传统中间商也存在显著差异：

1）存在基础不同。传统中间商基于生产者与用户直接交易的成本较高而存在；而网络中间商则是对传统直销模式的替代，是传统中间商职能在网络营销中的延伸与发展。

2）交易角色不同。传统中间商直接参与生产者与用户的交易活动，并成为交易的核心和驱动力；而网络中间商作为独立主体，虽不直接参与交易活动，但提供交易平台和场所，同时为用户提供丰富的产品与服务信息，为生产者传递需求与购买信息，从而高效促成交易。

3）交易内容不同。传统中间商参与物质、信息及资金的交换活动，且这些活动通常与交易同步进行；而网络中间商主要作为信息交换的平台，具体的物质与资金交换等实体交易活动由生产者与用户直接完成，因此信息交换与实体交换是分离的。

4）交易方式不同。传统中间商涉及具体的实体交换，包括实物与资金等；而网络中间商则主要进行信息交换，属于虚拟交换范畴，可替代部分非必要的实体交换环节。

5）交易效率不同。通过传统中间商达成的交易需经两次转手，且信息交换过程不畅，生产者与用户之间缺乏直接沟通渠道；而网络中间商提供的信息交换平台有助于消除信息不对称现象，在双方有交易意愿的前提下实现具体的实体交换，从而大幅减少因信息不对称导致的无效交换和破坏性交换，可明显降低交易成本并提升交易效率与质量。

三、网络营销渠道的优势

相较于传统营销渠道，网络营销渠道的优势主要体现在以下几个方面：

1. 充分利用互联网的交互性

网络营销渠道实现了从单向信息沟通到双向直接信息沟通的转变，从而加强了生产者与消费者之间的直接联系。

2. 网络营销渠道能提供更便捷的相关服务

首先，生产者可以借助互联网提供支付服务，消费者能够直接在网上下单并付款，随后坐等商品送货上门，这一流程极大地满足了消费者的需求。其次，生产者还能通过网络营销渠道为消费者提供售后服务和技术支持。特别是在技术性较强的行业（如IT业等），网上远程技术支持和培训服务成为可能。这不仅为消费者带来便利，还使生产者能够以最低的成本服务消费者。

3. 网络营销渠道的高效性

网络营销大大减少了传统分销渠道中的流通环节，有效降低了成本。就网上的直接营销渠道而言，生产者可以根据消费者的订单进行按需生产，进而实现零库存管理。同时，网上直销避免了推销员上门推销所产生的高昂销售费用，从而最大限度地控制了营销成本。而就网上间接营销渠道而言，网络营销中间商的参与可以进一步扩大规模，实现更大的规模经济效应，提升专业化水平。此外，通过与生产者的网络连接，信息透明度得到提高，企业能够最大限度地控制库存，并实现物流的高效运转，降低物流运转成本。

四、网络营销渠道的选择与建设策略

1. 网络营销渠道的选择策略

（1）根据不同的网络营销模式选择不同的营销渠道

网络营销主要涵盖以下两种模式：

1）B2B 模式。B2B 模式即企业间的交易模式，其特点是交易量大但频次低，购买者较为集中。网络营销采用 B2B 模式，核心在于建立高效的订货系统，使购买企业迅速且便捷地做出选择。鉴于企业间通常具备稳固的信用基础，网上结算成为简便的支付方式。同时，考虑到 B2B 模式的交易特性，物流配送宜采用专门的运送方式，确保配送速度和货物质量。

2）B2C 模式。B2C 模式即企业与消费者之间的交易模式，其特点是交易量小但频次高，购买者分布广泛。在此模式下，结算与配送系统成为渠道建设的重点，也是网络营销当前面临的挑战。由于我国的消费者信用机制及专业配送体系尚未完善，企业在开展面向大众的网络营销时，必须有效解决上述两个问题，方能取得成功。

（2）根据产品特性选择适当的营销渠道

企业在选择网络销售渠道时，还需考虑产品特性。某些产品易于数字化，可直接通过互联网传输，而多数有形产品则需依赖传统配送渠道实现空间移动。

2. 网络营销渠道的建设策略

从消费者视角出发，设计网络营销渠道至关重要。以下是几个关键点：

（1）消费者信任与接受度

企业在设计网络营销渠道时，首要任务是确保消费者能感到安心并接受网上购物方式。例如，采用货到付款的方式可以增强消费者的信任感，消除其对网上交易“虚拟”特性的顾虑。

（2）简洁明了的订货系统

企业在构建订货系统时，应注重消费者体验，避免让消费者填写过多烦琐的信息。采用广泛应用的“购物车”模式可让消费者在浏览和比较商品的同时进行选购，并在购物结束时一次性完成结算。此外，订货系统还应提供商品搜索和分类查阅功能，以便消费者快速找到所需商品，同时提供详尽的商品信息，如性能、外观、品牌等。

（3）结算方式的多元化

企业应结合实际情况提供多种结算方式，满足不同消费者的需求。同时，企业必

须保障网上结算的安全性，应选择安全可靠的结算方式，避免采用不安全的结算方式。

（4）高效且可靠的配送系统

对于消费者而言，所购商品能否准时、安全送达是建立信任的关键。因此，建立迅速、高效的配送服务系统至关重要。企业在开展网上营销时应充分考虑其产品是否适应现有配送体系。通过优化配送系统，企业可以更好地满足消费者的需求，并提升他们对网络购物的信心和满意度。

学习活动

● 活动 1 根据所学知识，填写表 3-3-1。

表 3-3-1 网络营销渠道的对比

项目	B2B 模式	B2C 模式
交易主体		
交易特点		
购买者分布		
渠道建设核心		
信用基础		
网上结算		
物流配送		
面临的挑战		

● 活动 2 选择一个网络中间商类型（如目录服务商、搜索服务商、虚拟商业街等）进行深入研究。可以通过互联网搜索、阅读相关文献、采访业内人士等方式收集信息。整理所收集的信息，准备一份关于所选网络中间商类型的报告，报告内容包括该类型网络中间商的定义、特点、功能、盈利模式等。

学习评价

根据学习单元评价表（见表 3-3-2），学生完成自我小结并进行自我评分，教师根据学生活动情况进行点评并完成教师评分，最后按自我评分 ×40%+ 教师评分 ×60% 计算得分。

表 3-3-2　学习单元评价表

学习单元	渠道策略				
模块	评价内容	配分	自我评分	教师评分	得分
知识技能	了解网络营销渠道的概念	10			
	了解网络营销渠道的类型	10			
	了解网络营销渠道的选择与建设策略	10			
	能完成渠道策略的选择和建设	30			
职业素养	具备信息收集和处理的能力	10			
	具备一定的团队合作和沟通能力	10			
	工作态度认真、细致、严谨	10			
	具备一定的创新能力	10			
任务评价				合计得分	

学习单元 4　促销策略

学习目标

● 知识目标

1. 了解网络促销策略的概念。
2. 了解网络促销策略的功能。
3. 了解网络促销的方式和特点。
4. 熟悉网络促销的实施程序。
5. 掌握网络促销实施过程中应该注意的问题。

● 技能目标

能完成促销预算方案的策划。

相关知识

一、网络促销的概念

促销是指以礼物或货币等形式，加速产品从生产者到客户的流通速度的一种短期

激励手段。网络促销则是借助网络技术向消费者传递产品或服务的信息，激发其购买欲望，进而促成购买行为的一种营销策略。

二、网络促销的特点

网络促销表现为以下三个明显的特点：

第一，网络促销是通过网络技术传递产品和服务信息的。

第二，网络促销活动在虚拟市场上进行，这个虚拟市场即是互联网。

第三，互联网这一虚拟市场的崛起，将所有企业（无论规模大小）都推向了一个全球化的统一市场。传统的区域性市场界限正在逐步被打破。

三、网络促销与传统促销的区别

网络促销与传统促销虽然出发点都是为了刺激客户购买欲望，提升商品的销售速度，但两者有很大区别。

1. 时空观念不同

传统产品促销与客户群体常受限于特定的地理区域和时间，而网络促销则打破了时空限制。消费者可在任意时间和地点订购商品，同时，企业也能在任何时间和地点销售商品。

2. 消费群体和消费行为不同

在网络环境下，消费群体及其消费行为均经历了显著变化。消费者已转变为网络购物者，他们主要通过网络这一特定途径购买商品。此外，相较于传统的购买行为，网络环境下的消费者行为更显理性，且其选择范围也大幅拓宽。这些转变对传统的促销理论和模式产生了深远影响。

四、网络促销的功能

1. 告知功能

网络促销能够通过网站或其他网络平台，有效地将企业的产品、服务及价格等信息传达给目标受众，从而吸引他们的关注。

2. 刺激功能

网络促销旨在运用各种策略，创造诱因，激发消费者的购买欲望，进而在短期内提升商品的销售量。通过网络促销活动，企业可以宣传自身产品的独特之处，使消费者认识到这些产品可能带来的特殊效用和利益，从而更愿意购买该企业的产品。

3. 反馈功能

消费者的反馈对于企业优化生产和经营至关重要。相较于传统促销方式，网络促销能够利用互联网平台，通过电子邮件等方式及时收集和整理消费者的需求和意见，并迅速将这些信息反馈给企业管理层。网络促销所收集的信息大多为文字资料，准确度高、可靠性强，可为企业的经营决策提供有价值的参考。

4. 创造需求

招商银行曾在官方网站上推出活动，成功申请其信用卡的客户可获得一个手提包。此活动吸引了大量申请者，这些成功申请的客户在拥有信用卡后，更有可能使用信用卡进行消费，从而间接增加了招商银行的业务收入。这一案例表明，有效的网络促销活动不仅能够刺激现有需求，还能创造新需求，发掘潜在客户，并提升销售量。

5. 稳定销售

商品销售并非总是处于畅销状态，受多种因素影响，企业的产品销售量可能会出现大幅波动。通过综合运用各种网络促销手段，企业可以在销售低迷时期刺激消费者，提升下滑的销售量，从而实现企业产品销售的稳定。

五、网络促销的策略

网络促销是指借助互联网这一媒介，为促进产品或服务的销售与推广而开展的一系列活动。以下是关于各种网络促销策略的详细说明:

1. 网络广告促销

网络广告是互联网上最直观的促销方式之一，其形式多样，包括展示广告、视频广告、社交媒体广告等。通过精准投放，广告能够触达特定的目标受众，进而提升品牌知名度，吸引潜在客户，并拉动销售增长。

2. 利用搜索引擎促销

这一策略涵盖搜索引擎优化和搜索引擎营销。通过优化网站内容和结构，并在搜索引擎上投放付费广告，网站在搜索结果中的排名得以提升，从而增加曝光率和点击率。

3. 提供免费资源与服务促销

许多网站通过提供免费的信息、工具、软件等资源，吸引用户。这些资源可能包括电子书、报告、教程、软件等，旨在为用户提供服务并建立彼此的信任关系。通过这种方式，网站能够扩大用户数量，并有机会将部分用户转化为付费用户。

4. 有奖促销

有奖促销是指通过举办抽奖、竞赛、猜谜等活动，吸引用户的关注和参与，奖品可以是实物、优惠券、免费服务等。这种策略能够激发用户的参与热情，提高网站的访问量和用户黏性。

5. 赠品促销

赠品促销是一种通过赠送产品或服务吸引用户的策略。在新产品发布、产品更新、应对竞争对手或开拓新市场时，赠品促销能够有效吸引潜在用户的注意力。赠品可以是样品、试用装、小礼品等，旨在让用户体验产品或服务，进而培养品牌忠诚度。

6. 积分促销

积分促销是通过给予用户积分奖励，鼓励其购买产品或参与活动的策略。用户可以通过多次购买或参与特定活动累积积分，随后用积分兑换奖品或享受优惠。这种策略能够激励用户的购买行为，并提高其忠诚度。

7. 发行虚拟货币促销

部分网站会发行自己的虚拟货币，作为奖励或优惠手段，吸引和留住用户。用户在成为会员或参加特定活动时，可获得这些虚拟货币，并用于购买网站上的商品或服务。这种方式实际上为用户提供了额外的优惠和购买动力。

8. 网上打折促销

打折促销是一种通过降低产品价格来吸引用户的常见策略。网站可在特定时间或特定条件下提供折扣，如季节性打折、限时打折、团购打折等。这种方式能够刺激用户的购买欲望，增加销售量，提升市场竞争力。

六、网络促销策略的实施

网络促销策略的实施主要包含以下四个环节：明确促销对象、选定促销方式、设计网络促销预算方案以及评估网络促销成效。

1. 明确促销对象

促销对象是网络促销措施所针对的目标受众，其反馈与态度对促销效果产生直接影响。在明确促销对象时，应综合考虑以下因素：

（1）产品使用者

作为产品的直接体验者，产品使用者对产品的感受最为深刻。深入了解产品使用者的需求和偏好，能够更精准地策划促销策略。

（2）购买决策者

在某些情境下，如家长为子女购置物品，购买决策可能由非使用者做出。因此，辨识并洞察购买决策者的需求和考量因素，在制定促销策略时显得尤为重要。

（3）购买影响者

这类人群对最终购买决策具有一定的影响力，特别是对于高价值或复杂的产品。充分了解和考虑他们的意见与建议，可有效提升促销策略的实效性。

2. 选定促销方式

网络提供了多元化的促销手段，可根据目标受众和产品特性灵活选择。以下列举几种常见的网络促销方法：

（1）网络广告

借助网站、社交媒体或其他数字化平台投放广告，吸引潜在客户的关注。

（2）销售激励

运用折扣、赠品、优惠券等促销手段，激发客户的购买意愿。

（3）网站推广

通过优化网站内容和架构，提升网站在搜索引擎中的排名，从而增加网站的曝光率和点击量。

（4）网络公关

通过发布新闻通稿、参与线上讨论、组织网络活动等，提升品牌的知名度和美誉度。

案例启示

新能源汽车市场的线上线下协同促销

2022年12月8日，在2022中国汽车产业峰会上，21世纪新汽车研究院联合尼尔森共同发布的《2022中国汽车消费趋势调查报告》正式公布。众所周知，新能源和新势力的崛起为汽车销售渠道带来了巨大变革。在线下渠道存量的基础上，线上、直营等新型业态逐渐涌现并丰富起来。一个显著的现象是：在新能源汽车客户中，通过线上渠道购车的比例已经过半，达到了54.5%，而2021年这一比例仅为35%。从实际生活场景中不难发现，客户购车渠道往往需要线上与线下的协同，并不是非此即彼的选择。随着汽车市场的发展和销售渠道的深刻变革，线上线下渠道的协同甚至融合趋势可能会更加明显。因此，网络促销已成为汽车销售中不可或缺的重要环节。

3. 设计网络促销预算方案

设计网络促销预算方案应全面考量多个要素，如目标受众的覆盖范围、各种促销手段所需的成本、预估的销售额以及期望的利润率等。表 3–4–1 详细列出了设计网络促销预算方案的具体流程。

表 3–4–1　设计网络促销预算方案的具体流程

具体流程	内容
明确促销目标	设定具体的销售目标、市场份额目标或品牌知名度目标等
评估目标受众	了解目标受众的规模、特点和需求，以便选择合适的促销方式和投放渠道
计算促销成本	根据选定的促销方式和投放渠道，估算各项费用，如广告费、制作费、人工费等
制定预算方案	根据预期的销售额和利润率，结合促销成本，制定详细的预算方案。同时，要预留一定的机动资金，应对可能出现的风险和不确定性

4. 评估网络促销成效

评估网络促销成效是评判营销策略是否有效的关键环节。以下列举了几种评估网络促销效果的主要方法和相关指标：

（1）网站流量分析

借助统计软件，追踪并记录网站的访问频次、访客来源及页面停留时长等数据，从而洞察促销活动对网站流量的具体作用。

（2）销售数据对比

通过对比促销活动开展前后的销售总额、订单数目以及转化率等关键数据的变化，深入评估促销活动对销售业绩的实际带动作用。

（3）广告效果评估

详细分析广告的点击通过率、曝光总量以及转化率等重要指标，全面评价广告投放的实际成效及其成本效益。

（4）客户意见征集

利用问卷调查、在线评价等渠道广泛征集客户对于产品及服务的直接反馈，以此了解客户对于促销活动的整体满意度及其购买意向。

● 活动 1　根据所学知识，填写表 3–4–2。

表 3-4-2　网络促销相关知识

任务	内容
网络促销概念	
网络促销特点	
网络促销功能	
网络促销策略	

● 活动 2　促销案例分析：分组讨论图 3-4-1 至图 3-4-6 中产品促销采用了哪些策略。

【499元订金】众筹抽奖赢大礼
GoPro HERO5 Black、小米九号平衡车、kindle入门版电子书阅读器

活动时间：1月3日-2月28日。
参与车型：缤智、飞度、雅阁（499元订金）。
抽奖及公布：在3月20日（含）前已到店核销的合规客户即符合抽奖资格。3月21日将统一以订单编号通过表格函数进行随机抽奖，并公布中奖名单在天猫旗舰店【秒杀及中奖】页面。
奖项设置（中奖奖项不叠加）

奖项	抽奖规则	数量上限
kindle入门版电子书阅读器	每满20订单产生1个奖品	20个
小米九号平衡车	每满80订单产生1个奖品	5台
GoPro HERO5 Black	每满200订单产生1个奖品	2个

中奖兑现：客户兑现权益时需向旗舰店旺旺客服上传行驶证、购车发票及车主身份证的彩色照片进行兑现，照片不得涂改或利用软件进行修改。具体请参见活动通则。

图 3-4-1　汽车预定促销

时尚设计款中厚鹅绒服
90%鹅绒 高蓬松度
交错纹理设计 防风袖口

吊牌价：1580元
折后价：790元

图 3-4-2　羽绒服促销

图 3-4-3 汽车分期购促销

图 3-4-4 冰箱促销

图 3-4-5 保健品促销

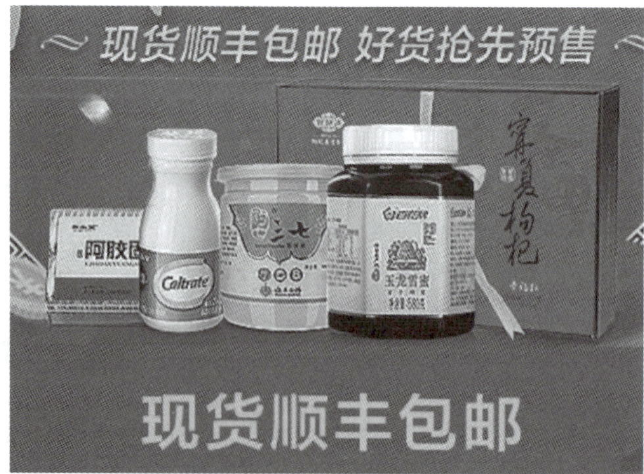

图 3-4-6 预售促销

● 活动 3　促销策略实施：请自选一个汽车品牌，为该品牌汽车撰写一份网络促销实施方案，填写表 3-4-3。

表 3-4-3　网络促销实施方案

任务	内容
促销目的	
促销对象	
促销时间	
促销方式	
预计投入	
预计收入	
促销效果评价	

学习评价

根据学习单元评价表（见表 3-4-4），学生完成自我小结并进行自我评分，教师根据学生活动情况进行点评并完成教师评分，最后按自我评分 ×40%+ 教师评分 × 60% 计算得分。

表 3-4-4　学习单元评价表

学习单元	促销策略				
模块	评价内容	配分	自我评分	教师评分	得分
知识技能	了解网络促销策略的概念	10			
	了解网络促销策略的功能	10			
	了解网络促销的方式和特点	10			
	熟悉网络促销的实施程序	10			
	掌握网络促销实施过程中应该注意的问题	10			
	能完成促销预算方案的策划	10			
职业素养	具备一定的信息处理能力	10			
	具备一定的团队合作和沟通能力	10			
	工作态度认真、细致、严谨	10			
	具备一定的应用能力	10			
任务评价				合计得分	

学习单元 5　客户策略

学习目标

● 知识目标

1. 了解客户策略的概念。
2. 了解不同客户的特点。
3. 掌握客户策略的设计。
4. 掌握客户策略的实施。

● 技能目标

1. 能完成客户的市场分析。
2. 能拟定客户策略的方案。

相关知识

一、客户策略的概念

客户策略是指网络营销中以客户需求为核心所开展的一系列经过精心策划的营销活动。这些活动主要针对现有客户与潜在客户这两大类目标群体。根据他们的不同特性和需求差异，企业会运用各异的营销方式或促销手段，旨在推动营销业务发展，并实现持续的增长。

不论是已与企业建立消费关系的现有客户，还是尚未被开发但具备潜在消费能力的潜在客户，都是企业网络营销中的关键目标客户。这些客户对产品或服务存在着需求，或者能够在企业的引导和培育下，被激发出消费需求。

在客户策略中，维持老客户与开拓新客户是其两大基石。维持老客户策略重点在于提供高质量的服务、增强客户的忠诚度、促进客户的重复购买行为等，以此加固并深化与现有客户的联系。而开拓新客户策略则聚焦于通过深入的市场调研、精确的市场定位、创新的营销手法等途径，吸引潜在客户的关注，并促成他们转化为实际的客户。

二、客户需求分类

1. 消费个体需求

消费个体主要指以个人或家庭为单位的购买者。个体消费属于终端消费，对生产商、供应商或代理商等具有直接且显著的影响。因此，消费个体的需求将直接决定购买行为，构成需求分析的核心基础。针对客户的需求分析应围绕生理需求和心理需求两个方面进行。生理需求源于客户的基本生活需求，如衣、食、住、行等；心理需求则基于客户的社会性需求，例如教育、成长与发展等。

2. 消费群体需求

消费群体主要指以团队、企业或其他社会组织为单位的客户集合。消费群体的需求与消费个体的需求在分类上相似，通常也围绕个体的生理需求和心理需求展开。然而，与消费个体相比，消费群体在数量、形式和种类等方面往往有更高的要求。

三、客户需求的基本属性

客户需求是一个错综复杂的经济现象，然而，它也具有一些基本特征，包括变化性、多样性、关联性、层次性和替代性。

1. 变化性

客户需求会受到诸如社会变迁、经济发展、环境变化等外部因素的影响而发生变化。同时，客户的身体成长和心智成熟也会导致其需求的变化。

2. 多样性

作为社会性动物，人类在日常消费中会呈现出不同的偏好和兴趣。同一客户在不同阶段可能持有不同的消费观念，而在同一阶段内，其消费需求也可能呈现出多样性。

3. 关联性

客户的消费行为与其个人收入、支付能力以及个人成长发展密切相关。通常情况下，当个人收入较为充裕和支付能力较强时，客户更倾向于选择多样化、高品质、品牌化的产品或服务；相反，如果个人收入和支付能力有限，客户则可能更倾向于选择基本、实惠、经济的产品或服务。

4. 层次性

美国著名心理学家马斯洛在 20 世纪 50 年代提出了需求层次理论（见图 3-5-1），该理论将消费需求划分为生理需求、安全需求、社交需求、尊重需求和自我实现需求五个层次。这一理论对消费者的需求结构产生了直接影响，并在需求梳理和需求价值评估方面发挥了重要作用。

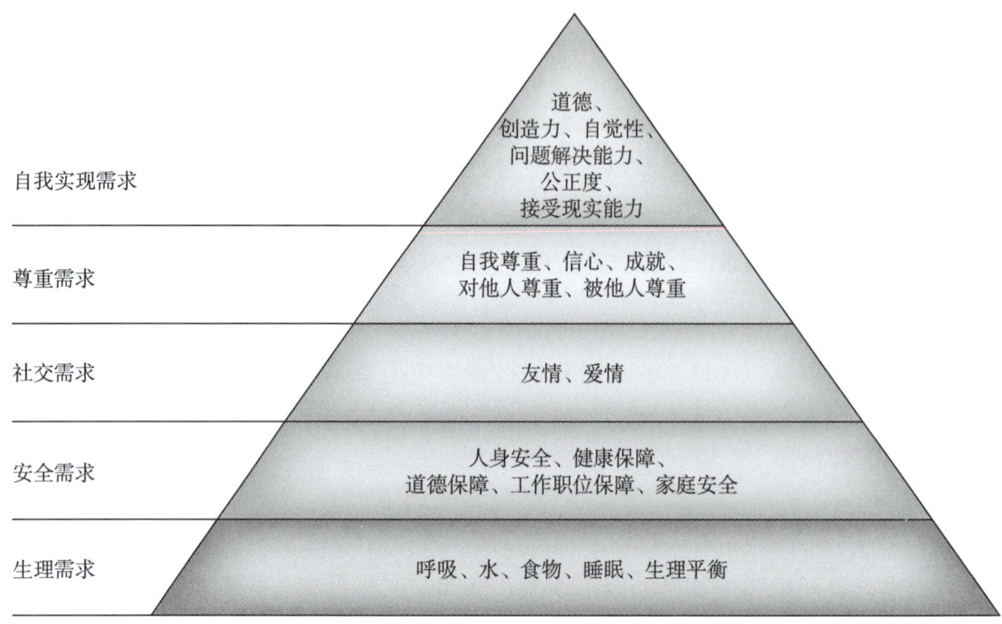

图 3-5-1　马斯洛需求层次理论

5. 替代性

客户的消费行为具有替代性。虽然客户的消费主要受自我认知的引导，但当其认知被打破时，可能会激发和诱导客户产生新的消费行为。例如，客户最初可能只是用清水洗脸，随后可能开始使用香皂，再到后来使用各种类型的洗面奶。这一过程是对客户消费需求进行挖掘与引导培养的结果。

案例启示

洗面奶的发展史

以国内洗面奶的演进为例，从淘米水、皂荚，到现今市场上主流的皂基、氨基酸等洗面奶，这一产品经历了从不易保存、携带及功能单一，到现今的便携且能满足多样化需求的变化。在漫长的历史进程中，洗面奶持续不断地发展与迭代。

在魏晋南北朝时期，人们发现淘米水因偏碱性而能去除面部污垢，然而其不易保存与携带，且长期使用具有一定的刺激性，因此逐渐被淘汰。随后，人

们又发现皂荚的果肉具有清洁皮肤的功效，但由于其获取难度较大，且使用颇为不便，并未成为主流。经过持续的研究与发展，最终诞生了便携且易保存的洗面奶。

从洗面奶的发展历程来看，其最初的功能主要是清洁。然而，随着市场的不断发展，现代洗面奶除了具有传统的清洁功能，还拓展了美白、保湿等新功效。

四、客户购买行为

客户的购买行为是实现消费需求的关键环节，该行为深受客户心理活动和抉择的影响。从消费动机到消费行为的转化遵循一个基本模式，即“刺激 – 反应”模式。此模式是消费行为的基石，当受到营销或其他外部刺激时，客户会产生购买动机，进而引发购买行为。

客户的反应是将潜在需求转化为实际消费行为的重要过程，这一过程受多种因素的综合影响，包括文化因素、社会因素及个人因素。

1. 文化因素

文化的影响深远且广泛，它塑造客户的价值观、消费观念、风俗习惯及道德伦理。值得注意的是，年轻一代与老一辈的消费需求和消费方式存在显著差异。

2. 社会因素

社会环境对消费行为同样产生显著影响。社会氛围、流行趋势等社会因素会直接作用于客户的消费行为。例如，在杭州亚运会期间，众多商家利用此契机推出亚运系列周边产品，客户则可能因这一时事热点而选择购买相关产品。

3. 个人因素

个人因素涉及他人和自身两个方面。在购买决策过程中，个体可能扮演倡议者、影响者、决策者、购买者或使用者等不同角色。针对不同角色，营销策略和影响方式也应相应调整。客户在购买决策中通常会经历以下五个阶段：

（1）确认需求

通过自我分析进一步明确需求，并根据需求确定具体的产品服务、品牌偏好、价格范围、购买渠道、购买时机、购买地点、购买理由及交易方式等细节。

（2）收集信息

根据已确认的需求，收集相关产品或服务的信息，如供应商资料、品牌详情、产品声誉、售后服务、购买途径、运输方式及交易条件等。

（3）评估筛选

根据自身对产品需求的理解，列出产品的关键要素，如功能、价格、口碑等。在网络营销环境中，这些因素往往对购买决策产生决定性影响。

（4）消费决策

此阶段可能涉及自己或他人的参与，如前文所述的五种角色，这些角色能够影响甚至决定客户的最终购买行为。

（5）完成消费

完成消费即客户在确定所需产品或服务后，进行支付的过程。这一过程标志着交易的最终实现。在网络营销中，消费方式相对简化，通常为先付款后交易或先交易后付款。

五、客户策略的设计方式

1. 确定目标客户

目标客户是指企业所提供产品和服务的特定消费群体。随着经济的不断发展和市场的日益成熟，市场细分越来越精确，每项服务都针对特定的需求。因此，在网络营销中，必须根据不同的产品和服务选择相应的目标客户。唯有明确消费群体中的某一类目标客户，方能实施有针对性的营销策略并取得实际效果。

为了深入了解目标客户，首先应进行需求动机调研，探究消费者的购买意向、影响购买动机的各种因素，以及消费者购买动机的不同类型。同时，还应对购买行为进行调研，包括分析不同消费者的购买行为差异、消费者的购买模式，以及影响购买行为的社会和心理因素。

2. 开展需求分析

需求分析是指开发人员通过深入细致的调研与分析，精确理解客户和项目的功能要求、性能标准、可靠性需求等具体细节。此过程旨在将客户的非形式化需求描述转化为明确的需求定义，从而明确系统必须实现的功能。

3. 确定策略方案

在综合评估产品或服务的优势与劣势后，制定相应的应对策略和方案。策略和方案的核心内容应包括目标对象、预期目标、实施方法、所需资源及其他必要支持等要素。

学习活动

● 活动　某水杯制造企业已专注水杯生产二十载，在业内积累了稳定的消费群体。然而，随着行业竞争加剧，其市场份额逐渐受到挤压。为促进产品销售，该企业亟须针对第四季度的网络营销制定切实有效的客户策略方案，请据此填写表 3–5–1。

表 3–5–1　客户策略方案

对象	目标	方法	资源和支持

学习评价

根据学习任务评价表（见表 3–5–2），学生完成自我小结并进行自我评分，教师根据学生活动情况进行点评并完成教师评分，最后按自我评分 ×40%+ 教师评分 ×60% 计算得分。

表 3–5–2　学习任务评价表

学习任务	客户策略				
项目	评价内容	配分	自我评分	教师评分	得分
知识技能	了解客户策略的定义	10			
	了解客户需求的行为	10			
	了解客户消费的特点	10			
	了解网络营销的客户状态	10			
	能进行客户调研分析	10			
	能设计网络营销客户策略	10			
职业素养	具备客户思维	10			
	具备分析能力	10			

续表

项目	评价内容	配分	自我评分	教师评分	得分
职业素养	具备创新思维	10			
	具备探索精神	10			
任务评价				合计得分	

学习单元 6　成本策略

学习目标

● 知识目标

1. 了解成本策略的内容。
2. 了解网络营销的成本分类。
3. 掌握网络营销成本策略。

● 技能目标

1. 能掌握不同因素对成本的影响。
2. 能分辨不同的成本类型。
3. 能根据实际情况把控营销成本。

相关知识

一、成本策略的内容

网络营销的成本策略指的是企业在进行网络营销时为控制成本和提高效益所采取的措施和方案。以下是一些普遍的网络营销成本策略：

1. 精准定位

企业必须清晰界定其目标客户，并根据客户的特点与需求，制定具有针对性的营销策略，避免资源的无谓消耗。网络营销的精准定位需要综合运用数据分析、搜索引擎优化、内容营销、社交媒体营销以及电子邮件营销等多种技术和方法。同时，为适应市场的变化和客户需求的演变，企业应持续追踪并优化营销策略。

2. 低成本、高回报

网络营销作为推广产品与服务的有效手段，能够通过多种在线渠道向潜在客户推送广告。与传统营销方式相比，网络营销具有低成本和高回报的特点。企业应选择如社交媒体广告和搜索引擎广告等低成本、高回报的营销渠道和方式，并重视创意与内容的质量，从而提升转化率，降低获客成本。

网络营销实现低成本、高回报的关键因素包括：

（1）低成本

网络营销省去了传统广告在印刷、制作、播放等环节的高昂费用，仅需在互联网上投放广告，成本相对较低。此外，通过社交媒体、博客、论坛等免费渠道进行推广，可进一步降低成本。

（2）高覆盖面

网络营销能够在全球范围内进行推广，覆盖广泛。通过恰当的渠道和策略，广告可触及世界各个国家和地区的潜在客户，增加销售机会。

（3）精准定位

借助各种工具和技术，网络营销可实现对目标客户的精确定位，如地理位置、年龄、性别和兴趣爱好等。这种定位有助于企业更深入地了解潜在客户的需求与偏好，从而更好地满足他们的需求，提升转化率。

（4）强互动性

网络营销具有较强的互动性，能够与潜在客户进行实时交流与沟通，增强客户对品牌的认知和信任，提高客户忠诚度。

（5）数据分析与优化

通过数据分析工具，网络营销可以实时监控和调整广告投放效果，不断优化广告策略和内容，从而提升广告效果和回报率。

综上所述，网络营销凭借其低成本和高回报的特点，能够有效提升品牌知名度和销售额。企业应充分利用网络营销的优势，制定合适的策略和方案，达到更佳的营销效果。

3. 数据驱动

企业需要借助数据分析工具，全面收集、分析和挖掘营销数据，优化营销策略并降低成本。例如，通过深入剖析客户行为数据和反馈，企业可以改进产品和服务，进而提升客户满意度和忠诚度。

网络营销的数据驱动策略主要涉及数据收集与分析两个核心环节。数据收集是网络营销的基石，通过汇集客户的行为数据、偏好数据以及产品或服务的销售数据等，为网络营销提供有力支持。数据的收集可通过网站分析工具、社交媒体监测工具以及客户调研问卷等多种方式进行。

数据分析环节则是数据驱动策略的重中之重。通过对所收集数据的深入分析，企业能够洞察客户需求与偏好，揭示客户行为的规律和趋势，并评估现行营销策略的成效。企业可依托大数据分析平台、数据可视化工具等技术手段，对数据进行清洗、整理和分析。

4. 合作与联盟

企业可寻求与其他企业合作，共同开展网络营销活动，降低运营成本并分散风险，如与相关行业的企业或媒体平台合作等。

网络营销的合作与联盟可以实现资源共享、优势互补，进而降低成本并提高运营效率。合作有助于企业迅速扩大市场份额、增强品牌影响力并增加客户黏性。同时，合作还能为企业带来更多的商业机遇和合作伙伴，从而创造更多的收益。

在选择合作伙伴时，企业应综合考虑对方的信誉、实力、资源以及市场定位等因素，确保合作能够实现预期目标。此外，制定合理的合作协议和条款也至关重要，以便明确双方的权利和义务，规避合作过程中可能出现的纠纷和风险。

以上所述为常见的网络营销成本策略。需要注意的是，这些策略应根据企业的实际情况和市场环境进行灵活调整和优化。同时，为确保成本策略与企业的整体战略和市场定位相契合，从而更好地发挥其效用，企业应进行全面而深入的考量。

二、网络营销成本分类

网络营销的成本受众多因素影响，诸如营销策略的选择、广告平台的运用、产品或服务的特性、目标受众的界定，以及竞争对手的状况等。因此，其成本难以用单一的具体数字来概括。

以下列举网络营销中的一些常见成本类型：

1. 搜索引擎营销成本

搜索引擎营销成本涵盖广告费用、数据监测与分析费用、人员薪酬等。在搜索引擎营销中，成本主要聚焦于广告费用，其占比往往超过 80%。具体而言，搜索引擎营销的成本包括以下几个方面：

（1）广告投放费用

此为搜索引擎营销中的核心成本，涉及关键词竞价、广告位租赁等。这些费用受广告投放平台、关键词的热门程度，以及广告竞争状况等因素影响。

（2）广告制作费用

涵盖广告的创意设计、内容制作与优化等方面的费用。

（3）数据监测与分析费用

为评估广告效果及投资回报率，应进行数据监测与分析，这可能涉及采购第三方工具或服务以完成数据的收集、分析与报告，并产生相关费用。

（4）人员薪酬

人员薪酬即负责搜索引擎营销活动人员的薪酬，包括广告投放人员及数据分析人员等。

值得注意的是，搜索引擎营销是一种需要持续投入与优化的营销策略，其成本会随着时间的推移而有所变动。在制定搜索引擎营销策略时，应依据实际情况对成本与效益进行评估，并选择最适合企业的营销方案。

2. 自媒体平台成本

自媒体平台的成本具体包括以下几个方面：

（1）设备成本

自媒体运营依赖于一系列设备，如计算机、手机、摄像机等。特别是视频内容的制作，对设备要求较高，可能需要配备高性能计算机、专业摄像机或高端智能手机。这些设备的成本范围从几百元到数万元不等。

（2）拍摄及制作成本

为了产出高质量的视频内容，可能需要购置专业的后期制作软件。此项成本的高低取决于所需软件的性能和数量。

此外，自媒体运营还包括一项难以用金钱衡量的成本，即创作时间成本。内容策划、创作、编辑和发布都需要投入大量的时间和精力，这些工作对于自媒体的成功具有至关重要的作用。

（3）运营和维护成本

部分自媒体平台会涉及一些费用，如微信公众号的认证费。同时，平台的日常运营和更新也需要相应的人力物力投入。

（4）流量获取成本

为了提高内容的曝光率，自媒体平台运营人员可能需要投资购买广告流量。

（5）法律和版权相关成本

自媒体内容的创作和发布涉及知识产权问题，因此必须遵守相关法律法规，可能还需要投入资金进行版权注册，确保所发布内容的合法性和原创性。

综上所述，自媒体平台的成本涵盖了拍摄设备、后期制作软件、时间投入、运营维护、流量获取以及法律和版权注册等多个层面。具体成本多少会根据自媒体的类型、市场定位以及目标受众的不同而有所差异。一般来说，个人自媒体起步阶段的投资相对较低，而专业的自媒体公司则可能面临更高的运营成本。

3. 电商平台成本

电商平台的成本主要包括以下几个部分：

（1）技术成本

这涵盖了网站开发、服务器租赁、数据存储及安全保障等相关费用。在电商平台的建设过程中，技术成本往往占据较大比重。

（2）人力资源成本

电商平台的运营离不开人力资源的支持，包括网站开发人员、系统维护人员和客户服务人员等。这些人力成本是电商平台运营必须考虑的重要内容。

（3）市场推广成本

电商平台搭建完毕后，需要进行市场推广以吸引更多客户。市场推广成本主要涉及广告投放和各类营销活动。

（4）软硬件及配置费用

商家需购置服务器、防火墙、宽带等软硬件设施和相关配置。若商家选择自行部署服务器，则需购买相应的服务器设备。

具体而言，功能需求较多或某些功能较为复杂的 B2C 电子商务软件系统 / 应用的定制开发费用通常起步价在 5 万元以上；功能更为全面的 B2C 电子商务软件系统 / 应用的定制开发费用则通常在 10 万元以上。

4. 搜索引擎优化推广成本

搜索引擎优化推广的成本受多种因素影响，包括推广平台的选择、推广项目的具体内容，以及预期的关键绩效指标等。因此，其费用具有较大的浮动范围。搜索引擎优化推广的收费模式呈现多样化，详见表 3–6–1。

表 3–6–1　搜索引擎优化推广的收费模式

收费方式	具体内容
固定收费	搜索引擎优化服务机构会根据客户的需求和预算制定一个固定的推广方案，并按照协议约定的时间周期收取费用。这种方式适用于对推广目标有明确要求的企业，可以确保推广效果稳定可控
按效果收费	按效果收费也称为按排名收费。搜索引擎优化服务机构会根据客户的关键词排名情况收取费用，即当关键词排名提升到预定位置时，客户需支付相应费用。这种方式更注重结果，可以帮助客户降低推广风险

续表

收费方式	具体内容
按工作量收费	搜索引擎优化服务机构会根据实际投入的工作量收费，包括关键词分析、网站优化、内容创作、外链建设等。这种方式适用于希望推广过程中有更多灵活性和定制化需求的客户
按排名收费	搜索引擎优化服务机构会根据排名的高低，按照一定的比例收取费用，比如排名前十位的收费比例比排名后十位的收费比例高
按时间收费	搜索引擎优化服务机构会按照推广的时间长短收取不同的费用，比如推广一个月的费用比推广三个月的费用低
按技术收费	搜索引擎优化服务机构会按照使用的技术种类收取不同的费用，比如使用的技术越复杂，收费比例越高

总体而言，搜索引擎优化推广的费用受众多因素共同影响，应依据具体情形综合确定。通常情况下，搜索引擎优化推广的费用为数千元至数十万元。

5. 人力成本

人力成本在网络营销中占据举足轻重的地位，主要涵盖网络营销人员的薪金、培训支出等项目。具体的人力成本会因人员的经验和能力差异而有所变化。在实施网络营销策略时，通常需要一个协作默契的团队，该团队一般包括网络营销经理、网络推广专员、文案撰写人员、平面设计师及程序员等。对于中小型企业而言，若选择自主组建网络营销团队，其人力成本可能会偏高，因为这类企业往往需要聘请具备丰富经验的专业人才。

总体而言，人力成本作为网络营销中的关键环节，企业应根据自身的实际状况和预算对其进行合理的规划与控制。

学习活动

● 活动 1　根据所学知识，找出下列案例中可口可乐公司花费的营销成本，填入表 3-6-2 中。

可口可乐公司推出了定制昵称瓶活动。消费者购买可口可乐产品后，可通过扫描瓶身二维码，了解瓶上昵称的起源并参与互动。这种个性化的包装设计不仅增添了产品的趣味性，也激发了消费者自发拍照、分享及传播的热情，从而有效提升了品牌知名度与曝光率。值得一提的是，此种营销方式成本相对较低，却带来了高性价比的市场效益。

在奥运火炬在线传递的活动中，可口可乐充分利用了腾讯社交媒体平台的优势资源，为消费者提供了一个成为奥运火炬在线传递大使的机会，消费者通过邀请好友参与的方式，共同传递奥运火炬。此举极大地激发了消费者的参与积极性，同时也进一步提升了品牌的美誉度与客户忠诚度。

借助这些富有创意与独特性的表现形式，可口可乐成功获得了消费者的关注，并通过社交媒体等多种渠道实现了品牌信息的广泛传播，充分展现了网络营销的强大效力。

表 3-6-2　营销成本

营销成本	花费费用

● 活动 2　根据案例中可口可乐公司的成本核算与效果评估，提出合理的营销成本控制建议，填写表 3-6-3。

表 3-6-3　营销成本控制建议

建议	理由

学习评价

根据学习单元评价表（见表 3-6-4），学生完成自我小结并进行自我评分，教师根据学生活动情况进行点评并完成教师评分，最后按自我评分 ×40%+ 教师评分 ×60% 计算得分。

表 3-6-4 学习单元评价表

学习单元	成本策略				
模块	评价内容	配分	自我评分	教师评分	得分
知识技能	了解成本策略的内容	15			
	了解网络营销的成本分类	15			
	能计算网络营销的成本	30			
职业素养	具备信息收集和处理的能力	10			
	具备一定的团队合作和沟通能力	10			
	工作态度认真、细致、严谨	10			
	具备一定的创新能力	10			
任务评价				合计得分	

学习单元 7 便利策略

学习目标

知识目标

1. 了解便利策略的概念。
2. 了解便利策略的目的。
3. 熟悉便利策略的实施。
4. 掌握便利策略实施过程中应该注意的问题。

技能目标

能完成便利策略实施方案的策划。

相关知识

一、便利策略的概念

随着互联网的迅猛发展，网络营销逐渐成为各行各业推广产品和服务的核心策略。网络营销具有的便利、高效及低成本等优势，可助力企业迅速扩大市场覆盖面，并提

升品牌影响力。网络营销中的便利策略是指企业借助互联网平台，利用多种数字化工具和技术，将商品或服务精准地推送给目标受众的策略。此策略以客户的购买决策过程为中心，力求打造简便、快捷且个性化的购物体验。同时，网络营销的高效性、交互性、个性化和全球化等特点，既为企业带来了大量的市场机遇，也带来了不小的挑战。

二、常见的便利策略

在企业的营销活动中，便利性是一个至关重要的环节。客户在进行购买决策时，便利性往往成为他们考量的核心因素。当企业通过营销策略为客户提供充分的便利时，将显著提升产品的营销效率。若客户需耗费大量时间和精力搜寻产品信息或购买商品，其购买热情可能会受到打击。在市场竞争日趋激烈、产品同质化现象严重的背景下，企业更应从便利性角度切入，通过提供便捷的消费服务吸引客户。以下列举几种常见的便利策略，供企业根据自身状况灵活采纳，以增强营销效果。

1. 时空便利策略

时空便利策略为客户带来了极大的时空灵活性，同时可有效提升服务行业的服务品质和客户满意度。以快递行业为例，快递公司深刻认识到时间与空间便利性对客户的价值，因此在城市各处精心设置了便捷的收发点。客户仅需通过应用程序或小程序简单筛选并定位附近的收发点，即可享受到迅捷、高效的服务。

2. 货品便利策略

部分品牌通过应用程序等途径，向客户提供了门店货架陈列和商品库存的实时查询服务。此举极大地方便了客户查找所需产品。客户可以轻松获悉各门店的商品信息和库存状况，从而更加精确地选购心仪的产品。此策略优化了客户的购物体验，并强化了品牌与客户间的互动与连接。

3. 交易便利策略

为提供更为流畅的购物体验，众多品牌引入了电子支付或手机支付等多元化支付方式，这些现代支付方式不仅简化了交易流程、缩短了支付时间，而且提升了交易的安全性与便捷性。客户可随时随地通过简易操作完成支付，极大提升了购物体验。此策略无疑为企业和客户带来了巨大便利，已成为现代商业活动中不可或缺的一环。

案例启示

肯德基的便利策略

快餐品牌肯德基的定位策略不仅聚焦于产品本身，更延伸至购买渠道与销售服务的全流程。凭借精湛的快餐制作技艺，肯德基为客户提供迅速、自助的服务，并通过手机应用、小程序等便捷渠道，让客户能够轻松下单、加热、取餐及享用美食。此外，肯德基还通过推出优惠折扣、提供周到的售后服务以及开展消费者意见调查等举措，赢得了客户的广泛赞誉。由此可见，肯德基正是以便利策略为核心，致力于为客户提供高效便捷的服务，以此吸引并留住客户，进而提升品牌形象，扩大市场份额。

4. 渠道便利策略

在汽车的传统销售渠道中，销售代理商扮演着举足轻重的角色。他们凭借长久的业务关系、丰富的经验、高度专业化及规模化的经营，通常能为车企创造高于自营店铺的利润。然而，随着互联网技术的演进和商业应用的拓展，传统销售代理商因地缘优势所形成的市场地位正逐步被互联网的虚拟性所替代。

特别是在新能源汽车领域，该行业充分利用互联网高效的信息交换优势，对传统销售渠道进行了改造。许多烦琐环节得以简化，以往复杂的渠道关系也转变为更直接的关系。这种变革不仅提升了销售效率，还降低了成本，使新能源汽车能够更直接、高效地触达消费者。

三、便利策略的实施

便利策略的核心在于优化客户购置服务或产品的整体体验，力求使每一个环节都尽可能简洁、流畅。从支付手段的多元化到服务网络的广泛布局，每一处细节都深入考虑客户的实际需求。与其他网络营销策略相互补充，便利策略已成为企业成功开拓市场、达成营销及经营目标的重要支撑。以下是便利策略实施的几种常见途径：

1. 简化购买流程

企业应致力于简化购买流程，例如引入多样化的支付方式，包括在线支付、货到付款等，并持续优化购物和结算步骤，节省客户的宝贵时间。

2. 个性化推荐服务

依据客户的购买历史和偏好，企业应利用先进算法为其提供量身定制的推荐清单和促销活动，从而打造更加贴心的购物体验。

3. 无忧退换货政策

为消除客户的顾虑，企业应推出无理由退换货服务以及上门取件等便捷措施，确保购物过程零风险，提升客户信心。

4. 多元化支付方式

根据不同客户的支付习惯，企业应提供信用卡、支付宝、微信支付等多种支付选择，使支付过程变得轻松便捷。

5. 高效物流配送

通过与物流公司的紧密合作，企业应确保商品能够快速、安全地送到客户手中，并提供实时的物流信息查询服务，让客户随时了解订单状态。

6. 优质售后服务

企业在售后服务环节亦应全力以赴，提供电话客服、在线客服以及维修服务等全面支持，确保客户在使用产品过程中能够得到及时的帮助和解决方案。

综上所述，便利策略在网络营销中具有举足轻重的地位。它致力于为客户营造一个便捷、高效且个性化的购物环境，从而有效激发客户的购买意愿，提高客户忠诚度，并为企业创造持续增长的商业价值。

学习活动

● 活动 1　根据所学知识，完成表 3-7-1 的填写。

表 3-7-1　便利策略

任务	内容
便利策略的概念	
便利策略的目的	
常见的便利策略	
便利策略的实施途径	

● 活动 2　讨论分析以下案例采用了哪些便利策略。

为提升客户购买的便利性，部分书店开设了微店进行直销。例如，青岛微书城依托青岛出版集团的图书品牌及青岛市新华书店丰富的图书资源，为客户提供了数十万种图书产品，并提供个性化定制与预售服务，同时开展多元化的营销活动。青岛微书城不仅开通了商户功能与微信支付功能，还独立研发了功能全面且实用的后台系统。在运营微店时，应合理利用其优势。一方面，应致力于提升客户购买的便捷性，同时不忘微店的初衷——吸引更多客户进店消费并培养忠诚客户。因此，运营人员并不倡导采用低价策略吸引客户，以避免实体书店与微店之间出现此消彼长的负面效应。另一方面，通过技术革新完善微店功能，进一步提升客户购买的便利性，始终以满足客户需求为核心理念，从而提升微店的销售能力与水平。例如，青岛微书城与青岛出版集团合作，在青岛微书城上创建了全国首家少儿期刊移动营销平台，为家长给孩子订阅期刊提供了极大便利。此外，青岛微书城还与腾讯在微信电子会员卡、微信线下支付等领域进行深度合作，充分发挥微信平台的更大潜力。

● 活动 3　请从便利策略的角度，为青岛微书城的未来发展提出一些可行的实施建议，并填写表 3-7-2。

表 3-7-2　便利策略建议

任务	内容
便利策略建议	
效果评价	

学习评价

根据学习单元评价表（见表 3-7-3），学生完成自我小结并进行自我评分，教师根据学生活动情况进行点评并完成教师评分，最后按自我评分 ×40%+ 教师评分 ×60% 计算得分。

表 3-7-3　学习任务评价表

学习任务	便利策略				
项目	评价内容	配分	自我评分	教师评分	得分
知识技能	了解便利策略的概念	10			
	了解便利策略的目的	10			

续表

项目	评价内容	配分	自我评分	教师评分	得分
知识技能	能合理选择便利策略	10			
	能实施便利策略	20			
	能检查和评价便利策略的效果	10			
职业素养	具备一定的信息处理能力	10			
	具备一定的团队合作和沟通能力	10			
	工作态度认真、细致、严谨	10			
	具备一定的应用能力	10			
任务评价				合计得分	

学习单元 8　沟通策略

学习目标

- **知识目标**

1. 了解不同的营销沟通渠道和工具，以及它们在网络营销中的应用。
2. 掌握目标市场分析和受众定位的基本原理。
3. 了解数据分析和市场调研的基本方法和工具。
4. 熟悉有效的口头和书面沟通技巧。

- **技能目标**

1. 能进行目标市场分析和受众定位，并制定个性化的沟通策略。
2. 能利用数据分析和市场调研结果，优化营销活动和沟通策略。

相关知识

一、沟通策略的概念

沟通策略是指为实现特定的营销目标，经过精心策划，有针对性地选择并运用多种沟通工具和方法的整体策略。作为网络营销中的关键环节，沟通策略涉及与目标受众建立联系、有效传递信息并达到预期效果的全过程。

有效的沟通策略对于企业塑造良好的品牌形象、推动产品销售以及加强与客户的联系具有重要意义。

二、沟通策略的目标制定

企业在制定沟通策略之初，应首先明确沟通的具体目标，确保每一条营销信息都紧密围绕这些目标展开，从而避免信息的模糊性或不一致性。

网络营销沟通的目标需具备明确性和可衡量性。在设定目标时，应综合考虑提升品牌知名度、推动产品销售以及塑造品牌形象等多方面的需求。通过设定诸如增加网站访问量、提高转化率或扩大社交媒体关注度等可衡量的目标，企业可以对沟通效果进行客观评估，并据此进行优化调整。

三、沟通策略的信息制定

深入洞察目标客户是制定有效沟通策略的核心所在。这需要收集并分析客户的基础信息，包括年龄、性别、地理位置以及兴趣爱好等。同时，应关注客户的需求偏好和行为模式，深入理解他们在购买决策过程中的关注焦点和行为特征。此外，对客户的消费习惯和购买渠道进行细致研究，有助于企业更精准地满足他们的实际需求。

在制定信息内容时，务必确保内容与目标客户的高度相关性，并着重强调产品的独特优势和卖点。信息内容应具有吸引力、清晰且有创新性，能激发客户的兴趣和关注。同时，信息内容的结构和语言表达应简洁明了，易于客户理解和记忆。信息内容应避免与竞争对手的内容雷同，着重凸显自身品牌的独特性和差异性。

四、沟通策略的渠道选择

在网络营销中，选择恰当的沟通渠道对成功至关重要。应根据目标客户的特征与偏好精选合适的渠道，例如社交媒体、电子邮件、博客以及论坛等。同时，应充分考虑渠道的传播特性及客户的信息接收习惯，以此为基础确定相应的沟通策略和内容。此外，在选择渠道时，还必须权衡成本效益，并进行合理的预算分配与控制。

网络营销中，沟通策略的主要渠道包括以下几种：

1. 网站与网页

企业可通过建立自有网站，全面展示产品及服务，并实时发布新闻、促销活动等资讯，吸引客户关注。网站的优势在于能够全天候提供服务，便于客户随时浏览与选购。

2. 社交媒体

微博、微信、抖音等社交媒体平台已成为企业与客户间互动的关键渠道。利用

这些平台，企业可发布最新信息、推广产品，并与客户实时互动，深入了解其需求与反馈。

3. 电子邮件

通过电子邮件，企业可有效推广产品、发布优惠信息，并与客户建立稳固的关系。此种方式不仅成本低廉、高效便捷，还能为客户提供更为个性化的服务体验。

4. 网络广告

在搜索引擎、社交媒体及新闻网站等网络媒体上投放广告，是迅速提升品牌知名度、吸引潜在客户的有效途径。网络广告可根据用户行为与兴趣精准投放，从而提高转化率。

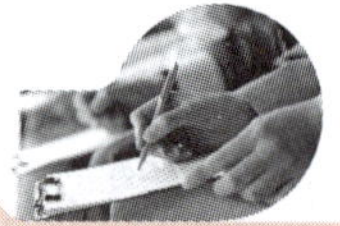

案例启示

华为沟通策略的实施

华为作为国内领先的科技品牌，在网络营销领域展现了其卓越的策略运用能力。通过精心运营社交媒体平台、携手知名网红、策划线上互动活动以及持续优化客户体验，华为成功地吸引了广大客户的目光与参与，大大提升了其品牌知名度和市场竞争力。这些策略的实施，不仅加深了华为与客户之间的交流与互动，更凸显了品牌对提升客户体验的坚定承诺。华为沟通策略的成功实施表明：在数字化日新月异的今天，充分利用网络营销的多样手段、创新推广方式以及紧密关注客户需求，已成为推动品牌发展、扩大市场份额的重要因素。借鉴华为的成功经验，各类企业可结合自身实际，制定独具特色的网络营销沟通策略，进而提升品牌影响力，赢得更多客户的喜爱与信赖。

学习活动

● 活动 1　华为在推广 P40 系列手机时，综合运用了多种沟通策略与手段，例如通过社交媒体进行广泛宣传、与知名网红和博主开展深度合作，以及策划线上互动活动等，从而有效地吸引了大量目标客户的关注和购买。

1. 请阐述一个成功的沟通策略应包含的核心要素。
2. 请选取你熟悉的某个品牌，深入剖析其沟通策略中的成功之处。

根据所学知识，填写表 3–8–1。

表 3–8–1　沟通策略

任务	内容
沟通策略的概念	
沟通策略的重要性	
华为 P40 沟通策略渠道	
成功沟通策略的要素	
某品牌的沟通策略分析	

● 活动 2　小米在推出小米 10 青春版手机时，精心制订了详尽的沟通策略实施计划。该计划涵盖了社交媒体的内容发布规划、与网红进行推广合作的具体安排，以及线上互动活动的策划和实施细节等。

1. 如果由你实施此沟通策略，你在实施过程中所面临的最大挑战是什么？应如何有效应对这些挑战？

2. 针对所在学校或班级策划一项线上活动，并详尽阐述其沟通策略的具体实施步骤。

根据所学知识，填写表 3–8–2。

表 3–8–2　沟通策略实施

任务	内容
实施对象	
主要实施步骤	
实施时间规划	
关键成果因素	
实施过程中的挑战及克服方法	
为学校或班级设计的线上活动及沟通策略实施步骤	

学习评价

根据学习单元评价表（见表 3–8–3），学生完成自我小结并进行自我评分，教师根据学生活动情况进行点评并完成教师评分，最后按自我评分 ×40%+ 教师评分 ×60% 计算得分。

表 3-8-3　学习单元评价表

学习单元	促销策略				
模块	评价内容	配分	自我评分	教师评分	得分
知识技能	了解沟通策略的概念	5			
	掌握沟通策略的目标设计方式	10			
	能合理选择沟通渠道和工具	10			
	掌握沟通策略的目标市场分析方法	10			
	掌握沟通策略的受众定位	10			
	能分析与优化沟通策略数据	10			
	熟悉有效的口头和书面沟通技巧	5			
职业素养	具备一定的沟通策划能力	8			
	具备一定的数据分析能力	8			
	具备一定的市场调研能力	8			
	具备创新思维与探索精神	8			
	具备一定的资源整合能力	8			
任务评价				合计得分	

模块四
网络营销方式

模块概述

网络营销是21世纪主要的销售模式之一，它通常利用互联网中的多种渠道和工具，将产品或服务推广给潜在客户。这种方式能够覆盖广大的网络客户群体，有效提升品牌曝光度和产品购买率。网络营销的实施途径多种多样，包括但不限于病毒营销、事件营销、口碑营销、创意广告营销、内容营销、社会化媒体营销、电子邮件营销、搜索引擎营销以及移动商务营销等。

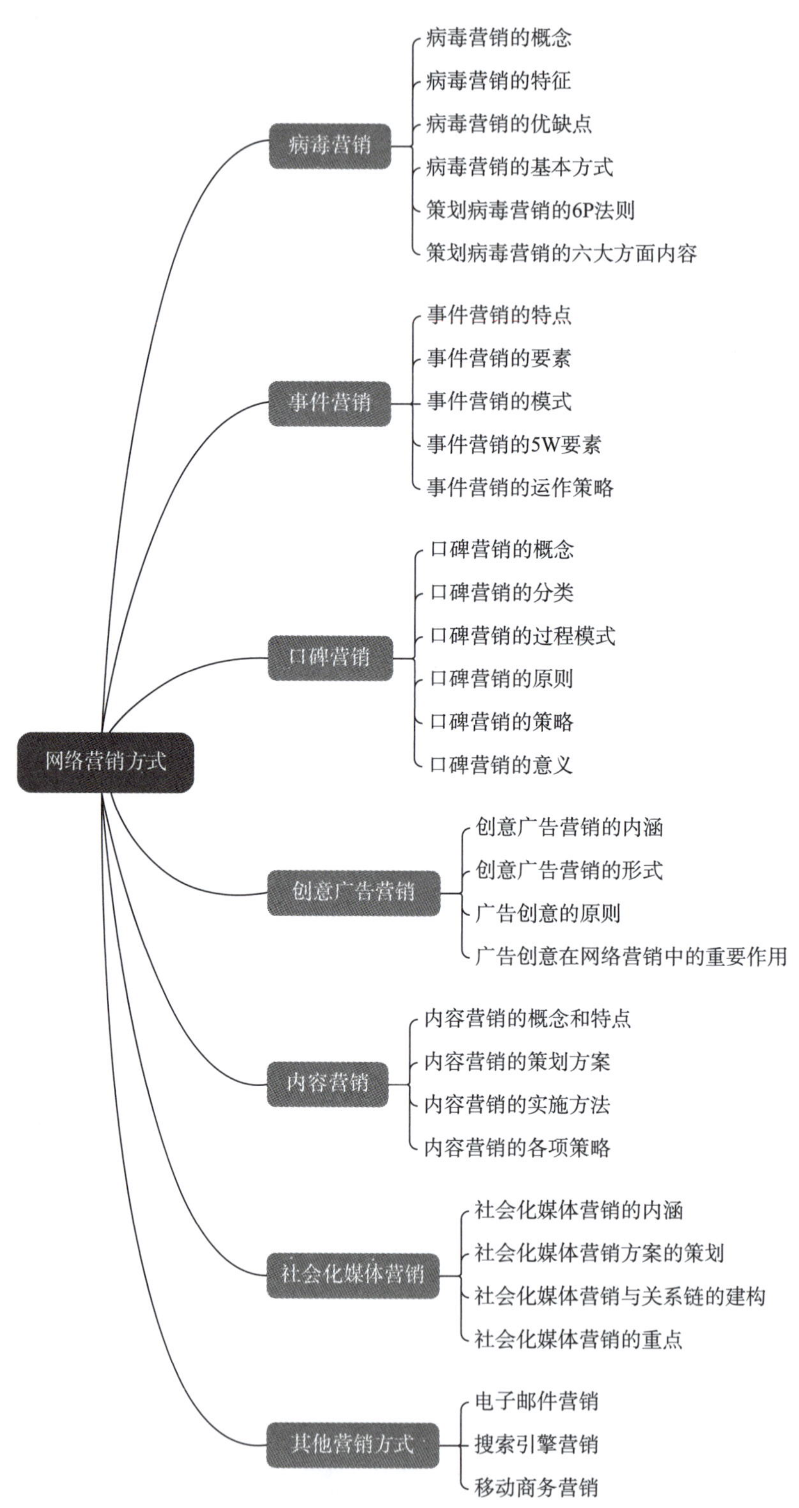
网络营销方式
病毒营销
病毒营销的概念
病毒营销的特征
病毒营销的优缺点
病毒营销的基本方式
策划病毒营销的6P法则
策划病毒营销的六大方面内容
事件营销
事件营销的特点
事件营销的要素
事件营销的模式
事件营销的5W要素
事件营销的运作策略
口碑营销
口碑营销的概念
口碑营销的分类
口碑营销的过程模式
口碑营销的原则
口碑营销的策略
口碑营销的意义
创意广告营销
创意广告营销的内涵
创意广告营销的形式
广告创意的原则
广告创意在网络营销中的重要作用
内容营销
内容营销的概念和特点
内容营销的策划方案
内容营销的实施方法
内容营销的各项策略
社会化媒体营销
社会化媒体营销的内涵
社会化媒体营销方案的策划
社会化媒体营销与关系链的建构
社会化媒体营销的重点
其他营销方式
电子邮件营销
搜索引擎营销
移动商务营销

学习单元1 病毒营销

学习目标

- **知识目标**

1. 了解病毒营销的概念及特征。
2. 了解病毒营销的基本方式。
3. 了解病毒营销的优缺点。
4. 掌握病毒营销的基本要素。
5. 掌握病毒营销的 6P 法则。
6. 掌握策划病毒营销的六大方面内容。

- **技能目标**

1. 能完成病毒营销方案的策划。
2. 能制作并发布病毒营销方案。

相关知识

一、病毒营销的概念

病毒营销又称病毒式营销、病毒性营销、基因营销或核爆式营销，是当前广泛采用的网络营销策略，尤其适用于网站推广与品牌塑造。此营销策略的精妙之处在于，它能够有效利用公众的积极互动欲望和既有的人际网络，推动营销信息如病毒般疾速扩散与传播。这一方式使得营销信息能够在极短的时间内被大规模复制，并迅速触达成千上万的客户，其深远影响与病毒的高速传播特性相仿。值得一提的是，由于信息的传播主要依赖于客户间的自发性传递，病毒营销几乎不产生额外的费用，因而被视为一种既高效又经济的网络营销手段。但应明确，病毒营销之名，仅是对其传播速度与影响力的形象描述，并非指传播真正的病毒或恶意软件。

二、病毒营销的特征

病毒营销不仅代表着一种先进的网络营销策略，更蕴含了深刻的营销理念。其核心在于提供具有价值的信息与服务，并通过客户间的自然传播实现营销目标。以下是

其显著特征：

1. 提供高价值内容

提供高价值的内容是病毒营销的基础。唯有提供真正具有价值、富有趣味性或独特性的内容，方能激发客户分享与传播的热情。

2. 传播途径的多元化

病毒营销的传播途径极为灵活多变，可借助微博、QQ、微信、论坛、动画、电子邮件以及视频链接等多种在线工具进行。这些工具的即时反馈与高度互动性，极大地推动了信息的迅速传播。

3. 信息接受度的高效性

由于信息多源自客户的社交网络或主动搜寻，受众更倾向于以积极的心态接纳。同时，私人化的信息接收途径（短信、电子邮件、封闭社群等）促进了信息在小范围内的快速传播，从而增强了传播成效。

4. 更新周期的迅捷性

鉴于网络内容的生命周期普遍较短，病毒营销的传播速度在初期可能较为缓慢，但在覆盖半数受众后便会迅速攀升，直至接近市场饱和点方趋平缓。因此，企业应敏锐捕捉时机，在受众兴趣未减之时，及时将其关注度转化为实际的购买力。

5. 传播速度的迅疾性

病毒营销依赖于受众的自发分享与推荐行为，这一机制类似于人际传播与群体传播的结合，使得信息能够迅速且广泛地触达与初始受众相关联的其他个体。

三、病毒营销的优缺点

病毒营销以其低成本、高效率的特点，在现代营销策略中占据了重要地位。首先，其成本优势明显，几乎可以说是零成本，这为企业大幅节约了营销开支。其次，该营销方式的传播速度以几何倍数递增，使得信息能在极短的时间内广泛传播给众多受众。最后，病毒营销确保了信息的高效传递，使营销信息能够迅速且精准地触及目标受众。这些优点使得病毒营销成为现代营销中不可或缺的方式。

然而，病毒营销也存在一些不容忽视的弊端。第一，其营销对象具有较大的局限性，主要面向特定群体或社交网络，因此可能无法全面覆盖所有潜在客户。第二，病毒营销的效果往往受到企业规模的限制，小型企业可能难以充分发挥其潜力。此外，该营销方式对创意要求较高，缺乏创新和吸引力的内容可能难以激发公众的广泛兴趣和传播欲望。特别值得注意的是，若病毒营销策略运用不当，可能违背公序良俗，误导公众，甚至产生不良影响。因此，企业在实施病毒营销时，必须审慎行事，严格遵守道德规范。

四、病毒营销的基本方式

病毒营销的基本方式主要包括口头传递和网络传播。

1. 口头传递

口头传递是病毒营销中最为常见的方式之一，常以“告知友人”或“向朋友推荐”的形式出现。这种方式在不同网站中的应用频率各有差异，主要受到所推荐内容的吸引力和目标受众特征的影响。例如，娱乐性质的内容往往更易于激发用户的分享意愿。尽管对于大型网站而言，这种方式的效果可能相对有限，但鉴于其低成本和高效率的特点，仍然得到了广泛应用。融入竞赛、幸运抽奖等元素，可以进一步提升这种营销方式的成效。

2. 网络传播

网络传播主要依赖于电子邮件以及其他在线通信工具。当用户接收到有趣或引人注目的内容，如图片、视频时，可能会将其转发给亲友或联系人。这种传播方式具有滚雪球般的扩散效应，能够在短时间内触及大量的受众群体。要成功运用此策略，关键在于创造出具有高度分享价值的内容，例如富有创意的动画、引人注目的图形设计以及简便易用的应用程序等。这些内容能够激发用户的分享动机，从而实现营销信息的迅速传播。

案例启示

蜜雪冰城的病毒营销

2021 年 6 月 3 日，蜜雪冰城官方发布了中文主题曲。该主题曲以其别具一格的“土味”风格、浅显易懂的歌词以及轻快的旋律，迅速在网络上走红，激起了网友们的广泛讨论与高度关注。随后，蜜雪冰城抓住机遇，在各大平台推出了多语种版本的歌曲，从而使得该品牌迅速成为公众瞩目的焦点。

在此之前，蜜雪冰城作为一家发源于河南郑州的茶饮品牌，在众多竞争者中长期处于较为边缘的位置。其主要市场集中在中小城市，并依赖薄利多销的策略稳步发展。相较于其他茶饮品牌，蜜雪冰城在一线城市的知名度相对有限。然而，凭借此次主题曲的巧妙营销，该品牌迅速崛起，一时成为“茶饮界的佼佼者”，声名显赫。

五、策划病毒营销的 6P 法则

策划病毒营销的 6P 法则涵盖定位（position）、关联（parallel）、趣味（pleasure）、传播（push）、参与（play）及转化（promote）六大要素。这些法则共同构成病毒营销成功的基石。通过精确锁定目标受众、紧密融合营销信息与受众需求、创造引人入胜的内容、选择恰当的传播方式与渠道、激发受众的积极参与及分享意愿，以及优化转化路径，病毒营销能够迅速提升品牌知名度、促进销量增长，从而实现既定的营销目标。

1. 定位（position）

定位是病毒营销的基础环节，要求对目标市场、竞争环境及受众特征进行深入剖析。精确的定位能够确保营销信息精准触达目标受众，进而实现营销效果的最大化。

（1）目标人群：明确界定目标受众的年龄层、性别分布、兴趣偏好及地域特征。

（2）营销目标：设定清晰且可量化的营销目标，诸如提升品牌知名度、促进销量增长等。

（3）媒介分析：深入了解目标受众的媒介使用习惯，以选择合适的传播渠道。

2. 关联（parallel）

关联是指将营销信息与受众兴趣、需求及生活方式等因素紧密结合的过程。发掘与受众产生共鸣的元素，能够激发受众的分享与传播热情。

（1）借势点：利用时事热点、流行文化及公众情感等元素，增强营销信息的吸引力。

（2）传播渠道：选择受众活跃且传播效率高的渠道，如社交媒体、短视频平台等。

3. 趣味（pleasure）

趣味性是病毒营销的核心要素之一。有趣的内容更易引发受众的关注与分享。通过创意、设计等手段，能够提升营销信息的趣味性。

（1）内容创意：运用创新思维与想象力，打造独特且富有趣味性的内容形式。

（2）互动体验：增设互动环节，引导受众参与其中，提升其参与感与归属感。

4. 传播（push）

有效的传播是病毒营销成功的关键所在。选择适宜的传播形式与内容，能够迅速扩大营销信息的影响力。

（1）传播形式：根据受众的媒介使用习惯，选择适合的传播形式，如视频、图片等。

（2）传播内容：制作高质量且具有吸引力的传播内容，可以引发受众的关注与分享。

5. 参与（play）

参与环节是激发受众积极参与和传播的重要环节。通过设置奖励机制、发起挑战活动等方式，能够鼓励受众积极参与并分享营销信息。

（1）奖励机制：设立具有吸引力的奖励措施，可以激励受众的参与与分享行为。

（2）挑战活动：发起富有趣味性的挑战活动，可以激发受众的参与热情与创造力。

6. 转化（promote）

转化是病毒营销的最终目标，即将受众的关注与参与转化为实际的购买行为或品牌认同。采取优化转化路径与提供吸引人的优惠措施等方式，能够促进受众的转化行为。

（1）转化路径优化：简化购买流程并提供便捷的购买方式，可以降低受众的购买门槛。

（2）优惠措施：采取具有吸引力的优惠措施，如折扣、赠品等，可以激发受众的购买意愿。

六、策划病毒营销的六大方面内容

1. 精准定位目标受众

在策划病毒营销之初，必须深入了解和明确目标受众。这就要求对目标受众的需求、兴趣及行为习惯进行详尽的市场调查与研究，确保随后的营销策略能够精确地满足目标受众的核心需求。

2. 创新内容设计

为激发受众的兴趣并促使其分享，应设计富有深度与吸引力的创意内容。此类内容可涵盖引人入胜的视频、图像、文章或互动游戏，且必须与品牌价值高度契合，能够触动目标受众的情感。

3. 选择高效的社交媒体平台

鉴于不同的社交媒体平台的用户群体和内容传播方式各具特色，选择能最大化病毒营销效果的平台显得尤为重要。应确保所选取的平台与品牌内容特性及目标受众群体相契合。

4. 精心制订内容传播计划

内容发布前，应制订详尽的内容传播计划，包括发布的时机、频率以及多元化的推广手段。可运用社交媒体广告、社群营销、与关键意见领袖合作等策略，确保内容的广泛传播。

5. 鼓励并促进受众互动

为提高受众的参与度及内容的传播力度，可设计奖励、抽奖等激励活动，鼓励受众积极分享与参与。

6. 持续监测与优化

借助先进的数据分析工具，对病毒营销活动的各环节进行实时追踪与监测。根据收集的反馈与数据，及时调整策略，确保活动效果最优。

在病毒营销的全过程中，必须确保所有内容不仅具有吸引力，而且严格遵守法律法规以及社交媒体平台的相关规定。同时，应始终尊重并保护客户的隐私。

学习活动

● 活动 1　结合病毒营销特点的知识点，具体分析蜜雪冰城病毒营销成功的原因，并填写表 4–1–1。

表 4–1–1　蜜雪冰城病毒营销案例分析

分析方向	具体分析
蜜雪冰城病毒营销成功的原因	

● 活动 2　策划病毒营销方案

步骤 1　利用互联网搜索支付宝“集五福”活动病毒营销的相关内容，从病毒营销 6P 角度填写表 4–1–2。

表 4–1–2　支付宝“集五福”活动病毒营销 6P 分析

角度	具体内容分析
定位	
关联	
趣味	
传播	
参与	
转化	

步骤 2　请参考支付宝“集五福”活动病毒营销案例，以 4 ~ 5 人为一组，为某茶饮品牌策划病毒营销，目的是增加冬天新品茶饮的销售额，并填写表 4-1-3。

表 4-1-3　病毒营销策划表

角度	具体内容
目标受众分析	
创意内容开发	
社交媒体渠道选择	
内容传播计划	
参与客户互动	
监测和追踪	

学习评价

根据学习单元评价表（见表 4-1-4），学生完成自我小结并进行自我评分，教师根据学生活动情况进行点评并完成教师评分，最后按自我评分 ×40%+ 教师评分 × 60% 计算得分。

表 4-1-4　学习单元评价表

学习单元	病毒营销				
模块	评价内容	配分	自我评分	教师评分	得分
知识技能	了解病毒营销的概念及特征	5			
	了解病毒营销的基本方式	5			
	了解病毒营销的优缺点	5			
	掌握病毒营销的基本要素	5			
	掌握病毒营销的 6P 法则	10			
	掌握策划病毒营销的六大方面内容	10			
	能完成病毒营销方案的策划	10			
	能制作并发布病毒营销方案	10			
职业素养	具备信息收集和处理能力	10			
	具备一定的团队合作和沟通能力	10			
	工作态度认真、细致、严谨	10			
	具备一定的创新能力	10			
任务评价				合计得分	

学习单元 2　事件营销

学习目标

● 知识目标

1. 了解事件营销的概念及特点。
2. 了解事件营销的要素。
3. 了解事件营销的模式。
4. 掌握事件营销的 5W 要素。
5. 掌握事件营销的运作策略。

● 技能目标

1. 能通过案例分析出事件营销的 5W 要素以及运作策略。
2. 能制作并发布事件营销方案。

相关知识

事件营销是企业通过精心策划、组织和利用具有名人效应、新闻价值及广泛社会影响的人物或事件，吸引媒体、社会团体和消费者的关注与兴趣，提升企业或产品的知名度与美誉度，塑造良好的品牌形象，并最终完成产品或服务销售目标的一种策略和手段。简而言之，事件营销运用新闻传播的规律，创造具有新闻价值的事件，并通过一系列具体操作，使该新闻事件广泛传播，从而实现与广告宣传相当的效果。

一、事件营销的特点

1. 明确的目的性

事件营销与广告在目的上具有高度一致性。在策划之初，就需明确营销目标，并精心挑选能实现这一目标的事件。鉴于特定领域的新闻往往仅吸引特定的媒体和读者群体，因此目标的选择与事件的匹配性显得尤为重要。

2. 时效性与风险性并存

在实施事件营销时，企业必须充分考虑热点事件的时效性、不确定性及其潜在风险，并采取相应的风险管理对策。企业应巧妙利用社会热点、新闻事件或自行策划的活动，有效传播企业信息，并在此过程中进行全面的风险评估。

3. 紧密的依附性

事件营销强调事件与品牌形象的紧密结合，确保营销活动不偏离品牌的核心价值。无论是借助现有事件还是创造全新事件，所有营销活动均应围绕同一主题展开，敏锐捕捉公众的关注点，实现对接，从而达到营销目标。

4. 形式的多样性

事件营销融合了新闻效应、广告效应、公共关系管理、形象传播以及客户关系管理等多重功能，是当下流行的营销传播手段。

5. 内容的新颖性

借助最新的热点事件，事件营销能够吸引消费者的关注，充分展现其新颖性。

6. 效果的高效性

相较于传统的广告方式，事件营销的投资回报率更高，有助于企业迅速塑造品牌形象并推动产品销售。此策略不仅能规避高昂的广告投放成本，还能实现更为高效的宣传效果。

二、事件营销的要素

事件的重要性、接近性、显著性和趣味性不仅是衡量事件价值的准则，同时也是决定事件营销能否成功的核心要素。成功的事件营销至少需要包含以下四个要素中的一个，而所包含的要素越多，事件营销取得成功的可能性便越大。

1. 重要性

事件的重要性主要体现在其对社会所产生影响的广度与深度。影响范围越广泛，受影响的人数越多，其新闻价值便越高。因此，在策划事件营销的过程中，应着重关注那些有可能对社会产生重大影响的事件。

2. 接近性

接近性涉及事件与受众在心理、利益及地理上的关联程度。心理接近性涵盖职业、年龄、性别等层面的共鸣；利益接近性则与受众的经济利益和生活需求息息相关；地理接近性需考虑事件发生地与受众的地理距离。在策划事件营销时，必须充分考虑这些因素，从而提升事件的吸引力和社会影响力。

3. 显著性

事件中涉及的人物知名度或地点声誉同样是决定其新闻价值的重要因素。知名人士、历史文化名城、名胜古迹等通常具有较高的新闻价值。因此，事件营销若能与这些元素有效结合，将更易引发公众的广泛关注和媒体的深入报道。

案例启示

冰桶营销

冰桶营销是指源于由名人发起的为渐冻症患者募捐的冰桶挑战活动，以及由此引发的一系列营销效应。该活动起源于美国，旨在借助名人的影响力，使更多人关注渐冻症并为渐冻症协会捐款。受邀参与者若选择自浇冰水并上传相关视频，则可指定其他三名好友接力挑战；若不愿自浇冰水，则必须向渐冻症协会捐款支持疾病防治。

冰桶挑战的营销策略主要体现在以下几个方面：

娱乐精神：冰桶挑战活动本身富有娱乐性和挑战性，参与者在完成挑战的同时，也为慈善事业筹集了资金。这种寓教于乐的活动形式，极大地吸引了公众的眼球，有效提升了相关品牌的社会知名度。

广泛传播：冰桶挑战通过社交媒体和口碑相传迅速传播开来，很快成为全球热议的话题。这种广泛的传播效应吸引更多人了解并参与到活动中。

名人效应：众多社会名人和明星的参与，无疑会提升冰桶挑战活动的社会关注度，同时增强了活动的公信力和权威性。

情感共鸣：冰桶挑战的核心意义在于为渐冻症患者筹集善款，这一目的激发了人们的同情心和爱心。参与者在享受挑战乐趣的同时，也为慈善事业贡献了自己的一份力量，这种情感上的共鸣使得冰桶挑战活动更加富有意义和价值。

病毒传播机制：冰桶挑战的传播方式类似于病毒营销，它通过人际互动和传播，像病毒一样迅速蔓延开来，是一种低成本、高效率的传播方式。

总体而言，冰桶挑战的营销策略取得了巨大成功。它通过融合娱乐性、名人效应、情感共鸣以及病毒传播等多种手段，迅速聚焦了公众目光，提升了品牌知名度，并成功地为渐冻症患者筹集了善款。这种创新的事件营销方式为其他组织和企业提供了宝贵的经验。

4. 趣味性

趣味性是指事件所展现出的新奇性、反常性和人情味，此类内容往往能够激发广大受众的浓厚兴趣。因此，在策划事件营销时，可以巧妙地融入趣味元素，吸引受众的注意力，进而提升传播效果。但在此过程中，必须确保所策划的事件与品牌形象及营销策略保持高度一致。

三、事件营销的模式

企业进行事件营销时，主要采取两种模式，即借力模式和主动模式。

1. 借力模式

在借力模式中，企业巧妙地将自身议题与社会热点话题相融合，以此引导公众将对热点话题的关注度转移到企业议题上来。以爱国者公司为例，该公司曾赞助纪录片《大国崛起》。该片聚焦于世界各国崛起的历史过程，深入剖析其成为世界大国的原因，并探寻其背后的主要推动力。该片不仅为观众提供了关于中国崛起的深刻启示，同时还在每集节目中打出“爱国者特约，大国崛起”的字幕，并配以“全球爱国者为中国经济助力，为国家崛起奋进”的画外音。这一举措深深打动了中华民族的支持者，并大幅提升了爱国者公司的品牌形象。

2. 主动模式

在主动模式中，企业根据自身发展需求，主动设置相关议题，并通过有效传播使其成为公众瞩目的焦点。以国内家用电视市场为例，在激烈的市场竞争中，众多生产厂家纷纷推出各具特色的概念产品进行市场推广。其中，创维集团推出的“六基色”概念尤为突出。创维集团通过媒体渠道持续向公众普及“六基色”的健康理念，从而使其获得了广泛的社会认可。这一模式充分展现了企业通过主动策划议题并有效传播，成功吸引公众目光并增强品牌形象的策略。

四、事件营销的 5W 要素

事件营销的 5W 要素是构成事件传播过程的核心组成部分。这五个基本要素即：谁（who）、说什么（say what）、通过什么渠道（in which channel）、对谁说（to whom）、产生什么效果（with what effect）。其中，谁（who）是传播的主体，负责发起并推动事件的传播；说什么（say what）涉及传播的具体内容，即要传递的信息或消息；通过什么渠道（in which channel）指的是信息传递的途径或媒介，它决定了信息的覆盖范围和传递效率；对谁说（to whom）明确了目标受众，确保信息能够精准触达预期的接收者；产生什么效果（with what effect）则是衡量传播效果的重要指标，反映了事件营销的最终成果。这五个基本要素共同构成了事件营销传播的完整框架，缺一不可。

五、事件营销的运作策略

事件营销的运作策略主要分为借势和造势两大类。

1. 借势

借势指的是企业敏锐捕捉广受瞩目的社会新闻、重大事件或人物的明星效应，并结合企业或产品的传播目标，有针对性地开展相关活动。借势的主要方式包括明星策略、体育策略和新闻策略。

（1）明星策略

明星策略即借助明星的广泛知名度和深远影响力，提升产品的附加值，进而培养客户与产品的情感联系。

（2）体育策略

体育策略是指通过赞助、冠名等多样化手段，利用体育赛事这一品牌广告的有效载体，推广并强化品牌形象。

（3）新闻策略

新闻策略是指将社会上具有重大价值、广泛影响的新闻与品牌形象巧妙结合，达到借力发力的传播效果，使品牌曝光度最大化。

2. 造势

造势是指企业通过精心策划、组织和制造具有新闻价值的事件，吸引媒体、社会团体及消费者的关注。造势的主要策略有舆论策略、活动策略和概念策略。

（1）舆论策略

舆论策略是指与主流媒体紧密合作，发布大量介绍和宣传企业产品或服务的软文，通过理性手段广泛传播品牌核心价值。

（2）活动策略

活动策略是指精心组织策划一系列宣传活动，旨在全面推广产品，并成功吸引客户和媒体的广泛关注。

（3）概念策略

概念策略是指为企业产品或服务创造一种“新理念”或“新潮流”，先推广一种观念，再逐步拓展市场。

案例启示

某品牌世界杯退全款事件

世界杯作为全球备受瞩目的重大体育赛事，总能引发广泛的观赛热潮。在2018年世界杯期间，国内某品牌敏锐地捕捉到了这一全球盛事蕴含的巨大商机，并巧妙地推出了“夺冠套餐”营销策略。该策略的核心内容是：倘若法国队在世界杯中夺冠，购买此套餐的消费者将享受全额退款优惠。此举立刻激发了公众的兴趣，一时之间成为热议话题。

该营销策略之所以广受关注，不仅源于其与世界杯的紧密结合，更归功于其中蕴含的悬念与潜在利益。这种将体育赛事与商业活动巧妙结合的方式，使得该品牌迅速崛起，声名远扬。

无论法国队最终战绩如何，从营销角度来看，该品牌已经赢得了巨大的曝光度和关注度。即便最终需要兑现全额退款承诺，相较于所获得的品牌知名度，这些成本投入也是物超所值。这场营销活动的创意与执行力备受赞誉，甚至被业界视为营销的经典案例。

然而，当法国队真正夺冠时，该品牌并未如约履行退款承诺。退款责任被转嫁至各平台经销商，例如，淘宝和京东上的退款并非以现金形式直接退还，而是转化为天猫超市卡和京东E卡。尽管此举在一定程度上减轻了该品牌的财务压力，并可能刺激消费者在平台上进行二次消费，但广大消费者却认为这是一种文字游戏和背信弃义的行为。

该品牌虽在短时间内名声大噪并提升了销售额，但因其未能兑现退款承诺而激起了公众的愤怒与失望情绪。品牌信誉因此受到严重损害，之前积累的良好声誉也一夜之间化为乌有。失去消费者信任后，即便该品牌短期内获得了可观的商业利益，但从长远来看这无疑是一次失败的营销策略。

此次事件营销原本有望取得巨大成功，但最终功败垂成。这一案例再次向所有企业敲响警钟：在追求创新和话题性的同时必须恪守诚信原则，任何背离诚信的行为都可能对品牌形象造成无法挽回的损害。

学习活动

● 活动 1 请结合事件营销的运作策略相关知识点，针对不同的事件营销材料，详细分析并确定相应的运作策略，将表 4-2-1 填写完整。

表 4-2-1 事件营销材料分析

案例	运作策略
某白酒品牌与中国奥委会建立了长期战略合作伙伴关系，不仅鼎力支持中国体育的奥运项目，还积极扶持各类非奥运项目和群众体育项目，持续提高品牌的知名度和美誉度。例如，该品牌曾相继成为中国奥运合作伙伴，第 28 届奥运会、第 19 届冬奥会的中国体育代表团唯一指定庆功白酒，以及第 14 届亚运会中国体育代表团唯一庆功酒等	
某饮用水品牌宣布停止生产纯净水，转而专注于生产天然水，并大力推广“水营养”概念。此举引发了关于天然水与纯净水的热烈讨论。尽管该举动引起了同行的不满，但该品牌却因此成功塑造了倡导健康的专业品牌形象	

● 活动 2 某国货运动品牌的新媒体营销部门计划在亚运会期间，借助微博平台开展一次事件营销活动。现请你围绕微博上 # 看见中国力量 # 的话题，对事件营销的 5W 要素进行深入分析，并将分析结果填写在表 4-2-2 中。

表 4-2-2 5W 要素分析表

5W 要素	具体内容
传播者	
信息	
传播媒介	
受众	
预期效果	

学习评价

根据学习单元评价表（见表 4-2-3），学生完成自我小结并进行自我评分，教师根据学生活动情况进行点评并完成教师评分，最后按自我评分 ×40%+ 教师评分 ×60% 计算得分。

表 4-2-3　学习单元评价表

学习单元	事件营销				
模块	评价内容	配分	自我评分	教师评分	得分
知识技能	了解事件营销的概念及特点	5			
	了解事件营销的要素	5			
	了解事件营销的模式	5			
	掌握事件营销的 5W 要素	5			
	掌握事件营销的运作策略	10			
	能通过案例分析事件营销的 5W 要素以及运作策略	10			
	能制作并发布事件营销方案	20			
职业素养	具备信息收集和处理的能力	10			
	具备一定的团队合作和沟通能力	10			
	工作态度认真、细致、严谨	10			
	具备一定的创新能力	10			
任务评价				合计得分	

学习单元 3　口碑营销

学习目标

知识目标

1. 了解口碑营销的概念。
2. 了解口碑营销的原则。
3. 了解口碑营销的策略。
4. 了解口碑营销的意义。
5. 掌握口碑营销中的过程模式。
6. 掌握口碑营销文案的撰写技巧。

技能目标

1. 能完成口碑营销内容的定位。
2. 能独立完成产品的口碑营销策划方案。

相关知识

一、口碑营销的概念

口碑营销是指通过提供优质的产品与服务驱动销售，同时依赖良好的品牌形象促使客户自发地进行传播与消费的营销方式。其目的在于提升推广转化率，增强品牌的正面影响力，确保在提及某类产品时，该品牌能迅速被客户联想到。依据传播机制的不同，口碑营销可分为传统口碑营销与网络口碑营销两大类。

口碑营销的核心在于打造独特且高度差异化的口碑传播内容。其主要功能是吸引公众的注意与讨论，使品牌与产品信息迅速扩散至公众生活的每个角落。口碑营销策略的成效取决于公众的关注程度及其影响范围。关注度越高，影响范围越广，口碑营销策略便越成功。

二、口碑营销的分类

口碑营销根据产生和传播方式的不同，可分为以下三种类型：

1. 经验性口碑

经验性口碑是最普遍且影响力较大的口碑形式，它通常占据特定产品类别中口碑活动的较大比例（50%～80%）。这种口碑主要源于客户对某一类产品或服务的直接体验。当产品使用效果与客户的预期产生偏差时，便可能激发出经验性口碑。

2. 继发性口碑

继发性口碑形成于客户直接接触到传统营销活动所传递的信息或所宣传的品牌时。这类信息对客户的影响，往往比广告的直接影响更为持久和深远，因为能够激发正面口碑的营销活动，通常具有更广泛的覆盖范围和更强的影响力。在制定营销策略时，营销人员应综合考虑口碑的直接效应及其传播效应，以确定何种信息及媒体组合能带来最佳的投资回报。

案例启示

华为的口碑营销

华为的口碑营销策略主要包括以下几个方面：

建立良好的品牌形象：华为始终注重产品质量和服务质量，通过提供优质的产品和服务赢得客户的口碑和信任。同时，华为也积极参与社会公益活动，增强了社会责任感，树立了良好的公众形象。

开展口碑营销活动：华为通过开展各种口碑营销活动，如“华为花粉俱乐部”“华为客户忠诚计划”等，增强客户黏性，提高了客户的忠诚度。这些活动通过优惠、互动、社区交流等方式，吸引了大量客户的关注和参与，提高了品牌的口碑和美誉度。

利用社交媒体平台：华为充分利用社交媒体平台如微博、微信、抖音等，与客户进行互动和交流，发布新品信息、技术交流、客户案例等，扩大了品牌的传播范围和影响力。

创新的技术和产品：华为作为一家科技公司，始终注重技术创新和产品研发。华为在通信、智能终端等领域拥有领先的技术和产品，满足了客户的需求，赢得了客户的口碑和信任。

精准的市场定位：华为在市场定位方面始终坚持高端、品质、创新的方向，通过精准的市场定位和品牌传播，吸引了更多目标客户的关注和购买。

通过实施以上策略，华为成功地提高了品牌知名度和美誉度，赢得了消费者的口碑和信任，进一步提升了品牌的市场地位和竞争力。

3. 有意识口碑

与前两种口碑形式相比，有意识口碑较为少见。例如，营销人员可能会借助名人代言为产品上市造势，营造氛围。然而，实际投资于制造有意识口碑的企业并不多，部分原因在于其效果难以精确量化。许多营销人员对能否成功开展有意识口碑的推广活动持谨慎态度。

针对这三种口碑形式，营销人员应采取恰当的方法，全面了解和评估它们所带来的正面与负面影响，以及相应的财务结果。

三、口碑营销的过程模式

口碑营销的核心目标是创建并传播正面的口碑。这一目标的设定应以企业的整体营销目标为指引，而企业的营销目标可能涵盖销售增长、市场份额扩大、收益率提升、品牌知名度提高以及企业形象塑造等多个方面。企业所选择的特定营销目标将直接决定口碑营销的具体方向。总体而言，口碑营销虽以塑造口碑为直接目的，但究竟希望在客户和公众中塑造何种口碑，则应根据企业的营销目标进行精准定位。

口碑营销的主要职责包括口碑的建构、传播与管理，这一过程涉及企业、客户及公众等多个利益相关方。为明晰工作思路，可从口碑营销的任务与逻辑入手，将整个过程分解为三个紧密相连的环节：

1. 口碑传播动因

此环节主要研究并解答口碑产生的内在动机与基础，进而揭示企业在创造口碑时所采取的有效策略。

2. 口碑传播机制

本环节侧重于探究口碑传播的具体内容与关键影响因素，进而找到企业切入口碑传播的最佳着力点。

3. 口碑传播效果

这一部分主要研究并评估口碑传播可能带来的结果与影响。这不仅能反映出口碑营销的实际成效，还能为企业提供宝贵的反馈信息，从而为持续改进和优化口碑营销策略提供有力的数据支撑。

四、口碑营销的原则

口碑营销研究人员指出，口碑营销的核心在于为客户提供一个充分的理由，激发他们主动谈论产品的欲望；同时，也要营造一种环境，让客户在谈论相关话题时感到自然和舒适。基于这一理念，研究人员进一步提炼出了口碑营销的五大原则，简称5T原则，具体内容如下：

1. 谈论者（talkers）

谈论者是口碑营销的发起者，负责分享和传播品牌信息。他们的口头推荐是推动口碑传播的重要动力。缺乏谈论者，口碑营销便失去了基础。

2. 话题（topics）

话题是客户讨论的核心内容。所有口碑都源于值得探讨的信息点。这些讨论可能聚焦于产品的亮点，也可能针对产品的不足之处。但关键在于所选择的话题必须能够引发公众的广泛兴趣。

3. 工具（tools）

工具在口碑营销中扮演着辅助信息传播的角色。在互联网时代背景下，各种新媒体平台和传播手段均可成为推动信息扩散的有效工具。在实施口碑营销时，企业应充分评估并利用多样化的传播工具，拓宽品牌的覆盖范围。

4. 参与（taking part）

参与意味着积极融入客户所关心的议题讨论中。通过主动加入各类话题讨论和活动，营销人员能够拉近与客户之间的距离，增强品牌亲和力。

5. 跟踪（tracking）

跟踪涉及对客户评论的监测和对客户声音的倾听。企业应持续关注客户的反馈意见，以便及时满足他们的需求。对于受到好评的方面，应继续保持并强化；对于存在不足的方面，应积极改进、解决问题、弥补不足。

5T 原则构成了口碑营销的理论框架，为企业制定和执行口碑营销策略提供了指导原则。

五、口碑营销的策略

企业在实施口碑营销时，可以借鉴以下几个策略：

首先，精心构建品牌故事至关重要。品牌故事应结合企业与产品的发展历程，针对客户的需求和痛点，采用引人入胜的叙述方式。这样的故事能够触发客户与品牌之间的情感共鸣，进而提高他们对品牌的认同感。

其次，提升品牌知名度亦不可忽视。企业应通过广告投放、活动赞助等手段，增加品牌的曝光率，从而提高客户对品牌的信赖度。同时，积极参与社会公益活动也是提升品牌知名度的有效方法。以国货运动品牌鸿星尔克为例，该品牌在 2021 年河南暴雨灾害中慷慨解囊，捐赠了价值 5 000 万元的物资。此举赢得了社会各界的广泛赞誉，同时也显著提升了品牌的知名度。

再次，精准营销是口碑营销的关键所在。企业应借助社交媒体平台的数据分析工具，深入洞察客户需求，构建精准的用户画像。这些画像涵盖了客户的兴趣、偏好和行为习惯等信息，为制定具有针对性的营销策略提供了有力支撑。例如，通过深入剖析百度指数上关于手机的搜索数据，营销人员可以准确把握当前客户对手机的兴趣分布和人群特征，从而制定出更为精准的营销策略。

最后，引导客户进行二次传播也是口碑营销的重要环节。企业应鼓励客户积极转发和分享自己的使用体验与个性化评价，注重客户的传播作用。这种客户之间的口碑传播往往比广告宣传更具说服力，能够为企业吸引更多的潜在客户并扩大市场份额。

案例启示

海底捞的口碑营销策略

海底捞始创于1994年，在四川简阳市开启了它的发展历程。海底捞以火锅为业务核心，始终坚持“无公害，一次性”的选材与底料制备原则，对原料与配料的品质把控严格到位。凭借精挑细选的产品与别出心裁的服务，海底捞为消费者营造出欢聚一堂、共享火锅的美好时光，致力于向全球美食爱好者传递健康的火锅饮食文化。

在海底捞细致入微的服务中，生日服务尤为引人注目。当消费者在海底捞过生日时，将会享有一场专属的盛大庆祝仪式。服务员会呈上精心准备的礼物与寓意长寿的面条，手持生日灯牌，唱起海底捞特有的生日主题曲，营造出热烈的庆祝氛围。海底捞创始人张勇曾表示：“在海底捞，创新并非刻意为之，我们更注重的是营造一个让员工乐于工作的环境。”

六、口碑营销的意义

1. 降低宣传成本

口碑营销能有效降低产品的宣传推广成本。无论是通过口口相传的传统方式还是利用社交媒体进行推广，只要成功树立起良好的口碑，宣传成本自然会随之降低。首先，口碑营销有助于企业赢得更多客户的信任和认可，进而提升品牌的销售量和市场占有率。客户之间的互动推荐能够带来更多的客流和订单，从而推动品牌销售业绩的增长。相较于传统的广告和促销手段，口碑营销不仅成本更低，而且效率更高。它可以借助社交媒体等渠道，激发客户自发地传播和宣传品牌，进而降低品牌的营销和推广成本。

2. 提升产品的可信度

口碑营销对于提升产品的可信度具有显著效果。只有当产品的口碑营销做得出色时，客户才会更愿意购买该产品，进而提高产品的成交量和转化率。在产品质量和内容相近的情况下，口碑更好的产品往往更容易获得客户的信赖。

3. 塑造品牌的正面形象

口碑营销在塑造品牌正面形象方面发挥着重要作用。一个口碑不佳的品牌在市场上难以长久立足。实际上，企业在一定程度上是可以影响和塑造口碑的。例如，2017年3月20日，网易云音乐在微博宣布与杭港地铁合作推出“乐评专列”，这一活动让网易云音乐的乐评遍布杭州地铁一号线，充分展示了音乐的力量，也有效提升了网易云音乐的品牌形象。

学习活动

● 活动1　请分析表4-3-1中不同品牌的餐饮店，思考它们的口碑营销方式，并将表4-3-1补充完整。

表4-3-1　不同品牌餐饮店的口碑营销方式

品牌	口碑营销方式
蜜雪冰城	
喜茶	
味千拉面	
小龙坎火锅	
大渝火锅	
老娘舅	
永和大王	

● 活动2　深入探究一个你最感兴趣的品牌，在其开展口碑营销活动时，对该品牌口碑营销的内容要素进行详细分析与记录，并将分析结果填入表4-3-2中。

表4-3-2　口碑营销要素分析表

产品关键词	可谈论话题	选择传播渠道	进行传播控制

学习评价

根据学习单元评价表（见表4-3-3），学生完成自我小结并进行自我评分，教师

根据学生活动情况进行点评并完成教师评分，最后按自我评分 ×40%+ 教师评分 ×60% 计算得分。

表 4-3-3　学习单元评价表

学习单元	口碑营销				
模块	评价内容	配分	自我评分	教师评分	得分
知识技能	了解口碑营销的概念	5			
	了解口碑营销的原则	5			
	了解口碑营销的策略	5			
	了解口碑营销的意义	5			
	掌握口碑营销中的过程模式	10			
	掌握口碑营销文案的撰写技巧	10			
	能完成口碑营销内容的定位	10			
	能独立完成产品的口碑营销策划方案	10			
职业素养	具备信息收集和处理能力	10			
	具备一定的团队合作和沟通能力	10			
	工作态度认真、细致、严谨	10			
	具备一定的文案撰写能力	10			
任务评价				合计得分	

学习单元 4　创意广告营销

学习目标

知识目标

1. 了解创意广告营销的内涵。
2. 了解创意广告营销的形式。
3. 掌握创意广告营销的原则。
4. 熟悉广告创意在品牌营销推广中的重要作用。

技能目标

1. 能辨析其他品牌的创意广告思路。
2. 能完成创意广告内容的策划。

相关知识

一、创意广告营销的内涵

创意的本质是在传播过程中为了追求附加值而进行的概念革新与表现手法创新。此种创新并不能改变广告对象的实质，但却能改变其展现形式和公众的感知途径。创意通过加强广告对受众的利益引诱和审美体验，提升了传播的附加值。在广告中实现创意，主要有两种途径：一是概念革新，二是表现手法创新。

广告创意是广告的灵魂，它不仅检验广告创作者的实力，更要求他们深思熟虑而非仅仅依赖灵感闪现，并且必须遵循一定的创意准则。现代传播学与市场营销理论的演进，为广告创作注入了科学底蕴和新的生命力，进而丰富了现代广告的创意策略。诸如 USP 广告策略、品牌形象策略、广告定位策略等几种主流的广告创意策略，均有助于广告创意的日臻完善，从而取得成功。

创意广告营销是指企业通过富有创意的广告宣传推广产品，旨在刺激客户直接购买，进而扩大产品销售，并提升企业的知名度、美誉度和影响力。在经济全球化与市场经济迅猛发展的今天，创意广告营销活动在企业营销战略中的地位日益凸显，已成为企业营销组合中不可或缺的一环。

广告营销要求营销策划人员构思、总结并实施一套完备的、能够借势而为的营销方案。广告营销并不仅限于网络环境，其在传统营销中的应用更为广泛。网络广告营销即广告主通过网络平台向目标客户推送广告，“创意”在此成为吸引客户视线的核心手段。精心策划的创意广告营销可以充分利用客户的注意力资源，让自家的广告在纷繁复杂的商品信息中独树一帜，从而有效吸引客户的注意。

二、创意广告营销的形式

创意广告营销拥有多样化的形式，诸如微电影、电影植入、电视栏目赞助、综艺节目合作、真人秀、杯子定制、文案推广、图片宣传等。这些形式常能借助一个独特创意，通过文字、视频或特定场景，直接吸引客户并激发其购买欲望。

创意必须兼具艺术性，而艺术的根源在于创意。无论是视觉还是听觉的呈现，都应当合情合理，同时追求新颖独特和条理清晰。为了达到理想的效果和目的，广告设计师需要具备卓越的思考能力和创新能力。

1. 创意广告的语言艺术

在广告设计中，文字的表达与设计占据核心地位。为了完美展现设计理念并有效地传递信息，广告的文字必须流畅简洁，能够精准地传达广告的核心思想。在经典的广告设计中，文字不仅负责传递信息，还通过独特的造型和精心的编排，成为广告创意的重要组成部分。

2. 创意广告的色彩表现要素

色彩在广告设计中具有举足轻重的作用，是连接广告与观众的桥梁。实践表明，色彩的应用在广告设计中至关重要。为了充分展示广告设计的主题和理念，设计师需要深入挖掘并呈现色彩的独特魅力。因此，如何运用和表现色彩成为设计师首先要研究的问题。

尽管人们的生活经验、年龄、文化背景和风俗习惯各不相同，对色彩的反应有所差异，但人们对色彩的象征意义和情感表达却有着诸多共鸣。色彩的合理运用能够影响观众的视觉和情感反应，进而左右其购买意愿和行为。色彩的这种视知觉特性深受广告设计师的喜爱，他们可以通过多元素的结合和夸张的表现手法，巧妙运用色彩，创作出优秀的广告设计作品。

通过观赏创意广告设计的作品，人们可以直接感受到色彩所带来的视觉张力。这种张力可以产生强烈的冲击力，使广告设计作品成功地传达其设计理念。如图 4-4-1 所示，色彩的巧妙运用不仅吸引了观众的注意力，还激发了他们的情感共鸣，从而达到广告的预期效果。

图 4-4-1　可口可乐广告

3. 微电影创意广告

微电影创意广告是一种独特的广告形式，它借鉴了电影的表现手法，时长通常在5～30分钟，旨在宣传特定的产品或品牌。虽然其本质仍是广告，具有明确的商业目的，但产品在整个影片中扮演着核心角色或成为重要线索，这与传统电影有所不同。微电影广告更为精炼，能够迅速传递信息并吸引观众。

创意广告营销经常采用情感策略，从客户的情感需求出发，激发其情感共鸣，并将情感融入营销过程中。这种策略使客户在购买产品时，不仅关注产品的数量、质量或价格，更追求一种情感上的满足和心理上的认同。情感营销能够营造更加亲和的营销环境，提高客户对品牌的忠诚度，成为企业战胜竞争对手的有力武器。

以方太油烟机的《油烟情书》为例，这部微电影广告成功地将油烟机与美好的爱情故事相结合，如图4-4-2所示。通常情况下，观众很难将油烟机与感人至深的情感联系起来，然而，方太通过巧妙的创意，展现了油烟机在爱情中的温馨与美好，让观众在不知不觉中接受了这一新的视角。这种潜移默化的手法既自然又不易被察觉，充分体现了创意广告的魅力。

图4-4-2　方太油烟机的微电影《油烟情书》

三、广告创意的原则

1. 广告创意的独创性原则

独创性原则要求广告创意应规避传统与常规，要勇于创新，力求独特，探索非传统的路径。具备独创性的广告创意能对受众产生强烈的心理冲击。新奇、与众不同的元素会吸引受众的目光，激发其浓厚兴趣，并在受众心中留下难忘的印记，从而顺利达成广告的心理传达目标。

2. 广告创意的实效性原则

虽然独创性是广告创意的首要原则，但它并非目的的本身。广告创意能否达到预期促销效果，主要取决于广告信息传递的效率，这就是广告创意的实效性原则。实效性原则包含理解性和相关性两方面。理解性要求广告创意应易于被广大受众接纳，因此在构思广告创意时，应将各类信息符号元素进行最优组合，使之兼具适度的新颖性与独创性，同时保持清晰易懂。相关性则是指广告创意中的意象组合与广告主题内容应存在内在联系。

3. 广告创意与市场紧密结合的原则

出色的广告创意不仅应追求艺术表现上的卓越，更须注重其在促进销售方面的实际成效。良好的广告创意必须紧密结合市场实际，依据当前市场经济的发展状况和趋势进行创意设计，并紧扣市场需求。只有这样，才能创作出具有强大产品营销推动力的广告创意。例如，农夫山泉在北京申奥期间推出的一则捐款广告，就是紧密联系市场实际且极为成功的广告创意。该广告精巧地将企业产品营销与爱国情怀融合在一起，赢得了广大受众的普遍认同，在引发爱国情怀共鸣的同时，也促成了农夫山泉的销售巅峰。

四、广告创意在网络营销中的重要作用

1. 好的广告创意能提升品牌辨识度

品牌推广的核心在于将自身品牌与竞争对手区分开来。广告创意通过深入剖析目标受众的特征，巧妙运用声音、文字、图像及视频等多元化形式，将品牌特质与客户体验紧密结合，从而在客户心目中塑造出别具一格且区别于其他竞争者的品牌形象。与目标消费群体高度契合的广告创意，有助于彰显品牌的独特性，提升品牌知名度，并在目标受众中刻下深刻烙印，从而吸引潜在客户的关注，使品牌在激烈的市场竞争中脱颖而出。

例如，大众汽车品牌曾通过一则广告创意，重点宣传其车型配备的空气安全气囊。该广告不仅全面展示了车型的安全性能，更在视觉上带来震撼效果。在众多宣传汽车安全性能的广告中，大众的安全气囊广告无疑给客户留下了难以磨灭的印象，如图 4–4–3 所示。

2. 好的广告创意能加深受众品牌记忆

出色的广告创意有助于客户认同品牌，并巩固品牌在客户心中的地位。投放广告的主要目的是加深客户对产品的印象，进而促成购买行为。因此，深入洞察客户心理成为广告创意的核心要素。

广告创意在设计上应具备强烈的视听冲击力和情感共鸣，同时紧跟时尚潮流并符合大众心理，使客户对品牌形成独特且正面的印象。例如，“白加黑感冒药——治疗感

图 4-4-3　大众汽车安全气囊广告创意

冒，黑白分明”的广告语就创意独特。它不仅在品牌视觉上与竞品形成鲜明对比，更重要的是贴近消费者的生活方式，易于引发消费者的情感共鸣，从而产生广泛的传播效应。

3. 好的广告创意有助于实现营销目标

市场调研数据显示，在商品选择过程中，仅有 11% 的消费者认为广告没有参考价值，而高达 89% 的消费者会根据广告比较同类产品，其中 48% 的消费者表示广告对他们的购买行为产生了明确影响。由此可见，广告信息对人们的消费行为具有显著影响，广告已成为现代企业产品营销的重要手段。

然而，广告创意并非单纯的艺术创作，而是与市场营销紧密相连。随着社会经济的发展和人们生活品质的提升，精神消费在产品销售中的作用日益凸显。在激烈的市场竞争中，产品同质化趋势愈发明显。如何在同类产品中脱颖而出，关键在于广告创意能否同时获得客户对产品品质和精神层面的认可。将品牌形象深植于目标消费群体心中，从而推动销售成功，是广告创意策划必须重视的问题。在广告创意设计中，创意手法的运用、传播方式的选择等都是影响品牌营销效果的关键因素。其中最为核心的是要精准把握产品的目标消费群体，传递准确且富有新意的产品信息。卓越的广告创意设计能够赢得客户的青睐，提升品牌影响力，并促成购买行为。但无论如何，广告创意都应基于实际情况进行创作，避免虚假宣传、误导客户的情况发生。

案例启示

浙江杭州一知名丝绸品牌在面对激烈的市场竞争时，采取了一种具有地方特色的广告创意策略，即选用杭州的西湖美景作为背景，巧妙地将丝绸与杭州深厚的文化、历史相融合。通过精美的画面与悠扬的音乐，淋漓尽致地展现了丝绸的柔美与华贵。此广告在杭州电视台及各大社交媒体平台播出后，立即引发了广泛的关注与赞誉。众多游客被深深吸引，纷纷前来选购该品牌的丝绸产品。无论是作为纪念品还是送礼佳品，这些丝绸产品均受到了极大的欢迎。得益于这一成功的广告创意，该品牌销售额显著提升，圆满达成了营销目标。

学习活动

● 活动 1　请分析表 4-4-1 中品牌的创意广告营销策略的广告内容，思考其广告形式，将表 4-4-1 补充完整。

表 4-4-1　创意广告营销内容分析

品牌	广告内容
李宁	
联想	
中国人寿	
中国移动	

● 活动 2　在表 4-4-1 中选择一条你认为最有吸引力的创意广告进行分析，将创意广告营销思路填入表 4-4-2。

表 4-4-2　创意广告营销思路分析表

背景	目标人群	产品定位	广告目的	营销创意	营销渠道	备注

学习评价

根据学习单元评价表（见表 4-4-3），学生完成自我小结并进行自我评分，教师根据学生活动情况进行点评并完成教师评分，最后按自我评分 ×40%+ 教师评分 × 60% 计算得分。

表 4-4-3　学习单元评价表

学习单元	创意广告营销				
模块	评价内容	配分	自我评分	教师评分	得分
知识技能	了解创意广告营销的内涵	10			
	了解创意广告营销的形式	10			
	掌握创意广告营销的原则	10			
	熟悉广告创意在品牌营销推广中的重要作用	10			
	能辨析其他品牌的创意广告思路	10			
	能完成创意广告内容的策划	10			
职业素养	具备信息收集和处理能力	10			
	具备一定的团队合作和沟通能力	10			
	工作态度认真、细致、严谨	10			
	具备一定的创新能力	10			
任务评价				合计得分	

学习单元 5　内容营销

学习目标

知识目标

1. 了解内容营销的概念和要素。
2. 了解内容营销方案的策划。
3. 掌握内容营销的实施方法。

技能目标

1. 能策划内容营销方案。
2. 能实施内容营销方案。

相关知识

一、内容营销的概念和特点

内容营销是指无须依赖传统广告或推销手段，便能有效地向客户传递信息，并促进信息交流的营销方式。它通过印刷品、数字媒体、音视频资料或各类活动，为目标市场提供所需的信息，而非依赖直接的推销行为。

内容营销作为一种综合性的营销策略，包括以下特点：

1. 内容营销的适用性广泛，涵盖所有媒介渠道和平台。

2. 内容营销的核心在于为客户提供一种具有实际价值的服务，这种服务不仅能吸引和打动客户，更能对客户与品牌或产品之间的关系产生积极影响。

3. 内容营销的效果必须是可衡量的，且最终应能转化为盈利行为。

案例启示

“秋天的第一杯奶茶”内容营销

“秋天的第一杯奶茶”这一话题迅速成为网络热点，短短1天内就在微信朋友圈、微博、抖音等多个社交平台引发“刷屏”热潮。此话题寓意在秋意渐浓的时节，关爱之人会为你送上温暖的第一杯奶茶。借此机会，各大奶茶品牌纷纷展开营销活动，其中奈雪更是联手德芙、大龙燚、农夫山泉等品牌，共同推动话题持续升温。此次“秋天的第一杯奶茶”话题的爆红，直接促使多个奶茶品牌的销量激增三四倍，喜茶、一点点等知名品牌的部分门店甚至因订单过多而不得不“暂时打烊”。此次营销活动成功地通过社交传播实现了内容营销的超预期网络效果。

二、内容营销的策划方案

营销策划方案是为推广特定产品或服务而制订的详细的营销活动计划。该方案应

确定具体的目标市场，包含对潜在客户年龄、性别、地理位置等特征的详尽分析。同时，方案要进行全面的竞争分析，深入了解竞争对手的产品特性、定价策略及市场份额，制定更为精确的营销策略。

根据目标市场特性和竞争环境，方案要明确产品市场定位，塑造独特品牌形象，并策划针对性宣传活动。为吸引客户，方案可设计系列促销活动，例如发放优惠券、打折销售或提供赠品等。此外，方案可利用多元媒体渠道，如电视、报纸及网络平台，扩大广告覆盖面。

在社交媒体重要性日益凸显的背景下，方案也应重视通过微信、微博等社交平台推广品牌，并积极与潜在客户线上互动。同时，方案应强调收集并分析客户反馈，及时调整策略，提升客户满意度。

为维护良好的客户关系，方案应强调建立完善的客户关系管理体系，保障与客户沟通的顺畅，并对所有营销活动进行数据跟踪与分析，量化效果，作出相应调整。

最后，方案要着重考虑合理的预算控制与有效的资金管理，确保营销活动在预算内高效执行。同时，方案将持续自我改进与优化，灵活应对市场变化，满足客户多样化的需求。

三、内容营销的实施方法

1. 内容的构成与展现

（1）内容的多样性

内容营销包含软文、新闻稿、音频、视频、博客、白皮书等多种形式，通过不同媒介和渠道吸引并稳定目标受众的注意力。

（2）内容策略的制定

依据内容特性及目标受众需求，可制定以下内容策略：

1）热点性内容：紧追当前热门话题，聚焦大众关注。

2）时效性内容：在特定时段（如节日或纪念日）发布高价值内容。

3）即时性内容：实时播报当下事件，迅速抓住受众眼球。

4）持续性内容：提供长期、稳定的有价值信息。

5）方案性内容：发布有深度的策略性内容，为目标受众解决问题。

6）实战性内容：通过实际经验和案例分享，强化内容的实用性。

7）促销性内容：在特定时间内进行产品或服务的推广，打造品牌形象并促进销售。

案例启示

杭州亚运会的内容营销

随着杭州亚运会的日益临近，杭州及其周边地区逐渐成为全球瞩目的中心。某家专注于地方新闻与文化的媒体平台，决定追踪并发布杭州亚运会相关的热门议题，以此吸引公众广泛关注。

该平台对亚运会的筹备进度保持了密切关注，涵盖场馆建设、志愿者招募、赛事规划等诸多方面，且实时更新相关资讯。这些报道内容不仅引发了本地市民的广泛关注，同时也激起了国内外体育迷的浓厚兴趣。

该平台还深入挖掘了杭州亚运会背后的丰富故事，诸如运动员的备战历程、亚运村的生活瞬间以及杭州深厚的历史文化等。这些内容通过多元化的形式（如文章、视频、直播等）得以精彩呈现，为公众提供了了解亚运会与杭州城市风貌更全面的途径。

除此之外，该平台还积极与主办方、运动员及志愿者等建立稳固联系，从而获得独家新闻报道与采访机会，这进一步增强了其内容的吸引力和社会影响力。

借助对杭州亚运会热门话题的持续追踪与发布，该平台成功吸引了众多目光，不仅显著提升了自身的品牌知名度与影响力，同时也为杭州亚运会的顺利举行营造了热烈的社会氛围。

2. 内容营销平台的选择与运营

选择合适的平台对提升内容传播效果至关重要。内容营销的主要平台包括传统媒体和自媒体，其中，自媒体如微博、微信因用户基数庞大、互动性强，已成为内容营销的重要阵地。

（1）微信平台

利用个人微信、朋友圈和公众号，企业可发布信息，与客户建立紧密联系。

（2）微博平台

微博的便捷性和互动性使其成为企业与客户即时交流的有效渠道。精炼的内容能迅速吸引客户关注并引发互动。

（3）移动互联网门户网站

与门户网站合作虽能覆盖广大用户，但成本高且合作难度大。企业应权衡利弊，做出合理选择。

（4）企业客户端移动应用

尽管开发和推广成本高，但企业通过与知乎、豆瓣等第三方平台合作，结合活动和问答营销，可实现多平台优势互补。

3. 内容营销实施步骤

（1）内容营销策划

策划是内容营销的基础，旨在明确品牌与内容的关系，最大化品牌传播效果，确保与整体战略相契合。策划时应考虑：

1）营销背景：分析市场、竞争对手和目标受众。

2）产品受众：深入了解受众需求、兴趣和行为。

3）营销目标：明确提升品牌知名度、促进销售等具体目标。

4）策略与应对：制定内容类型、发布平台、推广方式等策略，并预设问题应对方案。

（2）内容营销的实施

内容营销的实施包括策划、组织、投放和传播四个环节：

1）内容策划：针对客户问题，策划解决方案型内容，满足客户需求。

2）内容组织：确保内容友好、简洁、有趣，直观展示客户利益。

3）内容投放：通过自有媒体将内容精准推送给目标客户。

4）内容传播：设立机制激励客户主动搜索和分享，实现自营销传播。

（3）内容营销效果分析

内容营销实施后，应查看各平台数据（如阅读量、转发量、点赞数等），评估总体效果，并总结问题和经验，为未来活动提供改进方向。

四、内容营销的各项策略

1. 热点性内容

热点性内容是指在特定时间段内搜索量和关注度急剧上升的话题。有效利用热点性内容，能够迅速提升网站的访问量。营销人员可借助各类数据分析平台，准确判断热门事件，并通过热点性内容策略，在短时间内为网站带来大量流量，从而实现利益最大化。但在选择热点性内容时，必须确保其与网站主题高度相关，并综合考虑网站的权重与竞争力，确保达到最佳营销效果。

案例启示

采用内容营销策略推广桂林山水

桂林以其独特的山水风光而闻名于世。某年，桂林山水因为一部热播的电视剧而再次成为公众关注的热点。一家专注于旅游推广的网站迅速捕捉到这一热点性内容，并制定了一系列内容营销策略推广桂林山水。

该网站在首页显著位置发布了关于桂林山水的热点新闻，包括电视剧的拍摄地点、剧情介绍以及与桂林山水相关的历史文化等。这些内容吸引了大量对该电视剧感兴趣的公众，同时也引发了他们对桂林山水的好奇心。其次，该网站利用社交媒体平台（微博、微信等）发布了与桂林山水相关的热门话题和讨论，吸引了大量公众的关注和参与。通过与公众的互动，该网站进一步提升了桂林山水的知名度和美誉度。

此外，该网站还借助热点性内容的影响力，与多家旅行社合作推出了桂林山水的特色旅游线路，并通过内容营销的方式向公众推广。这些旅游线路结合了电视剧中的场景和元素，让游客能亲身体验到电视剧中的精彩瞬间，进一步增强了游客对桂林山水的兴趣和向往。

通过合理利用热点性内容，该网站成功提升了桂林山水的知名度和美誉度，吸引了大量游客前来游览。同时，该网站也获得了可观的流量和收益，实现了内容营销的目标。

2. 时效性内容

时效性内容指的是在特定时间段内具备较高价值的信息。营销人员应密切关注并把握这类内容，创造对客户有价值的信息。搜索引擎也应高度重视时效性内容，因此会在搜索结果页面充分利用其时效性特点。

3. 即时性内容

即时性内容主要聚焦于当前发生的事件与事物。在策略实施方面，务必确保及时有效，第一时间完成内容的撰写与发布。此类内容在软文投稿及搜索引擎排名方面，均享有较高的通过率与认可度，能带来可观的流量与价值。

4. 持续性内容

持续性内容是指那些不受时间限制、长期保持价值的信息。作为内容策略的核心

支柱，持续性内容能为网站带来稳定且持久的价值。搜索引擎通常更倾向于把历史悠久的内容排在前面，因此，营销人员需着重开发并丰富持续性内容。

5. 方案性内容

方案性内容应与营销策略相吻合，并具备一定的逻辑性。在制定方案时，营销人员应综合考虑受众定位、目标设定、主题明确、营销平台选择及预期成效等要素。此类内容的创作难度较大，应由经验丰富的营销人员精准把握。

6. 实战性内容

实战性内容源自实践经验的积累。创作此类内容要求营销人员具备一定的实战经验与基础，能够真实反映实践过程中遇到的问题及解决方案，从而为客户提供有价值的信息与学习契机。

7. 促销性内容

促销性内容是针对特定时间内的促销活动所设计的营销内容。它主要利用节假日等特定时点，通过优惠活动吸引客户关注并促成购买行为。此类内容的价值在于能迅速提升产品销售量及塑造企业形象。

学习活动

● 活动 1　请分析表 4-5-1 中这 5 个美妆品牌做了哪些内容营销方案，思考它们的内容营销风格，将表 4-5-1 补充完整。选择你认为最有特色的 3 个品牌，进行内容营销分析，将信息填入表 4-5-2。

表 4-5-1　美妆品牌内容营销风格

品牌	内容营销风格
佰草集	
百雀羚	
自然堂	
相宜本草	
完美日记	

表 4-5-2　内容营销分析表

序号	品牌	主要营销产品	内容营销平台	营销方式	营销效果	备注

续表

序号	品牌	主要营销产品	内容营销平台	营销方式	营销效果	备注

● 活动 2　内容营销的核心在于精心撰写的营销文案，这些文案通常被视作内容营销的关键组成部分。请结合新上市化妆品的独特卖点与优势，同时借鉴其他知名化妆品品牌的特色内容营销案例，撰写一篇针对性的内容营销文案，并将完成后的文案填入表 4–5–3 中。文案应突出产品的特色，吸引潜在消费者。

表 4–5–3　社会化媒体营销文案表

序号	产品	主要卖点	主要内容营销平台	营销方式	营销效果	营销需改进方面	备注

学习评价

根据学习单元评价表（见表 4–5–4），学生完成自我小结并进行自我评分，教师根据学生活动情况进行点评并完成教师评分，最后按自我评分 ×40%+ 教师评分 ×60% 计算得分。

表 4–5–4　学习单元评价表

学习单元	内容营销				
模块	评价内容	配分	自我评分	教师评分	得分
知识技能	了解内容营销的概念和要素	10			
	了解内容营销方案的策划	10			
	掌握内容营销的实施方法	10			
	能策划内容营销方案	10			
	能实施内容营销方案	20			

续表

模块	评价内容	配分	自我评分	教师评分	得分
职业素养	具备信息收集和处理能力	10			
	具备一定的团队合作和沟通能力	10			
	工作态度认真、细致、严谨	10			
	具备一定的创新能力	10			
任务评价				合计得分	

学习单元 6　社会化媒体营销

学习目标

知识目标

1. 了解社会化媒体营销的概念和特征。
2. 掌握社会化媒体营销方案的策划方法。
3. 了解社会化媒体营销的实施。

技能目标

1. 能策划社会化媒体营销方案。
2. 能实施社会化媒体营销方案。

相关知识

一、社会化媒体营销的内涵

社会化媒体营销作为一种新兴的营销策略，充分利用了社会化网络、在线社区等多元化的互联网协作平台和媒体传播与发布资讯。其作用不仅局限于营销和推广，更深入到销售促进、公共关系管理以及客户关系服务的持续维护和深度开拓。

在社会化媒体营销中，常见的工具有论坛、微博、微信、博客以及各类社区。文字、图片、视频等多媒体形式通过这些工具在媒体平台上实现广泛传播。在此营销模式下，网络中的综合站点成为主流的社会化媒体形式，其突出特点是内容主要由用户自主生成，用户与平台间不存在直接的雇佣关系。

社会化媒体营销所传播的内容数量庞大且形式多样，它着重强调与客户的实时互动，要求营销人员具备随时响应和调整的能力。该营销方式既重视内容的品质，也讲究互动的技巧，并需要对整个营销过程进行实时监控、分析和管理。同时，营销人员应根据市场和客户的反馈，不断地对营销目标进行调整和优化。

二、社会化媒体营销方案的策划

1. 社会化媒体营销的操作模式

企业在微博、博客等社交媒体平台上发布服务与产品信息，能显著提升企业在网络中的曝光率。借助社交媒体的粉丝基础和社群效应，企业能够与潜在客户广泛交流，并利用平台提供的平等沟通环境，进一步加强与客户的联系。

2. 提升网站流量与客户注册量

与依赖搜索引擎的传统网络营销手段不同，社交媒体能够直接将用户流量导入企业官方网站。通过提供互动平台与优质服务，社交媒体发布的信息还能帮助企业吸引更多注册客户。

3. 吸引业务合作伙伴

社交媒体不仅对个人客户具有吸引力，同时也受到企业客户的关注。企业在社交媒体上展示的详尽信息，有助于合作伙伴全面评估其经验与实力，从而为企业带来更多合作契机。

4. 提升搜索排名

社交媒体上内容的频繁更新与互动，将大大提升企业在搜索引擎中获得更高排名的可能性。

5. 创造高质量的销售机会

众多企业已在社交媒体上成功实践并验证了其对销售的推动作用。例如，发布优惠券、发起产品相关话题讨论等，均能创造大量的销售机会。

6. 降低整体营销预算

社会化媒体营销的投入成本相对较低，然而其传播效果却十分显著，结合视频营销、病毒营销等手段，往往能收到出人意料的营销成效。

7. 促进业务成交

除了信息发布功能，社交媒体更重要的作用在于与潜在客户互动。实时监测客户关注点，主动发起互动，深化客户关系，均能有效推动业务成交。

8. 社会化营销的整合

在开放的网络环境下，企业应更全面地管理客户行为与体验。整合多样化的营销手段和资源，提升客户关系与客户体验，是实现品牌市场目标的关键。

9. 构建品牌社群

涉足社交网络要求企业深入了解网络客户生态，并制定相应规则规范自身行为，确保品牌市场目标的实现。

10. 企业全社会化社群运营管理

在开放的网络架构下，客户的角色已转变，他们不仅是信息的接收者或消费者，也是品牌建设的参与者。品牌与客户之间形成了相互影响、相互作用的关系。

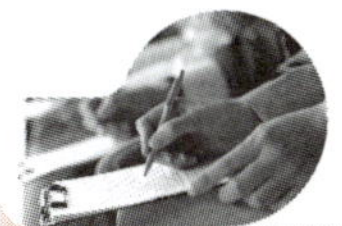

案例启示

喜茶与 Fendi 品牌联名开展社会化媒体营销

2023 年，喜茶与 Fendi 合作，凭借“用一杯奶茶的钱就能体验奢侈品”的独特反差，成功引爆社交媒体话题，成为营销声量中的佼佼者，这一策略也成为其联名营销的关键成功因素。此次联名活动精准捕捉了消费者对奢侈品“平民化”的好奇心理，实现了高端奢侈品品牌与茶饮品牌的首次跨界合作。同时，双方还共同打造了“喜悦黄”这一品牌形象资产。从视觉角度出发，以品牌特色色彩为切入点，极大地吸引了广大消费者的目光。

除此之外，通过推出限定饮品、线下喜茶茶室体验、匠心艺术展以及更新官微头像等一系列产品设计和营销内容的不断创新，喜茶与 Fendi 成功地放大了“喜悦黄”这一符号的影响力。这一形象逐渐深入人心，成为调动社交媒体情绪的催化剂，联名奶茶销售在年轻消费群体中掀起热潮。

三、社会化媒体营销与关系链的建构

1. 关系链是社会化媒体营销的核心

在现实社会中，人与组织及其相互关系构成了社会的基础。随着网络社会的兴起，特别是在社会化属性日益凸显的互联网环境下，关系链成了社会化媒体不可或缺的一部分。相较于传统营销，社会化媒体营销的一个明显优势在于信息在客户间具有较高的信任度，这主要归功于基于社交关系链的传播方式。因此，有效运用并加强客户的

社交关系链，是提升社会化媒体营销效果的关键。

2. 增强营销内容的传播动力

认识到关系链在社会化媒体营销中的核心地位后，应探讨如何高效利用这一资源。尽管建立与目标受众的新关系链是一种途径，但此过程通常耗时且复杂。更为高效的方法是利用现有客户间的关系链，将信息注入关系网络的某个节点，从而实现信息的迅速扩散。然而，信息的传播需要强大的动力，缺乏动力的内容即使投入关系网中也难以吸引关注。因此，在社会化媒体营销中，增强内容的传播动力既是一种挑战，也是至关重要的任务。

3. 多元化启动主体营销内容的传播

当营销内容具备足够的传播动力后，下一步便是将其投入由客户关系链形成的“池塘”中。投入的方式可以多种多样，具体取决于可用的资源和优势，如电视节目曝光、网络媒体报道、微博大V转发、广告投放等。关键在于找到能够触发内容传播的突破点，无论是单点启动还是多点同时启动，其综合效应都能极大地推动信息的广泛传播。

案例启示

乌镇戏剧节多元化启动主题营销内容的传播策略

乌镇坐落于浙江省嘉兴市，不仅是中国闻名的古镇之一，更是世界互联网大会的永久会址。近年来，乌镇戏剧节崭露头角，备受国内外戏剧爱好者的瞩目。为扩大乌镇戏剧节的影响力，主办方采取了多元化的主题营销内容传播策略。

电视与网络直播联动：乌镇戏剧节与众多电视台及网络平台携手，对戏剧节的开幕、闭幕盛典以及部分精彩剧目进行现场直播或录播，使无法亲临现场的观众亦能领略戏剧之韵。

名人与关键意见领袖共襄盛举：主办方邀请国内外杰出的戏剧演员、导演、编剧以及关键意见领袖参加戏剧节，借由他们的社交媒体分享乌镇戏剧体验，以此聚焦粉丝目光。

微博热议与搜索引擎推广：主办方在微博上发起乌镇戏剧节相关话题，鼓励网友畅所欲言、分享心得，同时借助搜索引擎的热门搜索功能，提升话题的

关注度。

交通枢纽广告宣传：主办方在浙江及周边省份主要城市的地铁站、机场布置乌镇戏剧节的宣传广告，吸引过往旅客的目光。

品牌合作与赞助联动：主办方与多家知名品牌携手，通过品牌联合推广、限量版商品等方式，将乌镇戏剧节的影响力渗透至更广泛的消费群体。

通过上述多元化的主题营销内容传播策略，乌镇戏剧节成功汇聚了大批观众前来观赏剧目、体验文化，从而进一步增强了乌镇的知名度和文化辐射力。

四、社会化媒体营销的重点

在自主信息时代，社会化媒体营销既面临挑战也充满机遇。要想在这一环境中稳步前行，把握以下几个核心点至关重要：

1. 精准触及并吸引目标客户参与交流

首要任务是明确界定目标客户群，深入了解他们的兴趣、需求以及社交媒体的使用偏好。针对目标客户的特点，选择其活跃的社交媒体平台（微博、微信、抖音等）进行精准投放。发布与目标客户息息相关的有趣且实用的内容，引发其兴趣和关注。

通过设置讨论议题、线上问答或投票互动等方式，有效提升目标客户的参与度。

2. 传递对目标客户有益的信息

确保所发布的内容既与品牌或产品紧密相关，又能为目标客户提供实际价值，如分享实用技巧或行业趋势等。对客户的咨询或反馈应给予迅速回应，展现企业的专业素养和服务态度。

同时，运用多元化的内容形式，如文章、视频、直播等，全方位满足客户的多样化需求。

3. 建立客户与品牌或产品的深度联系

借助社交媒体平台，充分展示品牌的独特魅力和理念，从而提高客户对品牌的认同和归属感。根据客户的个性化兴趣和需求，提供定制化的服务体验，如专属定制服务或特惠活动等。

通过分享客户使用品牌或产品的真实体验和故事，有效提升其他客户的信任感和共鸣。

4. 与目标客户保持积极互动

定期策划线上活动或竞赛，鼓励目标客户积极参与并贡献他们的创意和建议。认真倾听并吸纳客户的宝贵反馈，使他们感受到自己的声音被重视，并对产品的持续改进发挥积极作用。对积极参与互动并提供有价值反馈的客户，应公开表达感谢和认可，进一步增强他们的归属感和参与成就感。

学习活动

● 活动 1 请分析表 4-6-1 中的牙膏品牌做了哪些社会化媒体营销方案，思考它们的社会化媒体营销风格，将表 4-6-1 补充完整。选择你认为最有特色的 3 个品牌，进行社会化媒体营销分析，将信息填入表 4-6-2。

表 4-6-1 牙膏品牌社会化媒体营销风格

品牌	社会化媒体营销风格
云南白药	
黑人	
佳洁士	
高露洁	
两面针	
冷酸灵	

表 4-6-2 社会化媒体营销分析表

序号	品牌	主要营销产品	社会化媒体营销平台	营销方式	营销效果	备注

● 活动 2 社会化媒体营销依赖社会化媒体营销文案，一般会将文案作为社会化媒体营销方案。请结合产品的卖点优势，再参考其他口腔产品品牌的优秀社会化媒体营销文案，为某企业新上市的牙膏产品撰写社会化媒体营销文案，并填入表 4-6-3。

表 4-6-3 社会化媒体营销文案表

序号	产品	主要卖点	主要社会化媒体营销平台	营销方式	营销效果	营销需改进方面	备注

续表

序号	产品	主要卖点	主要社会化媒体营销平台	营销方式	营销效果	营销需改进方面	备注

学习评价

根据学习单元评价表（见表 4-6-4），学生完成自我小结并进行自我评分，教师根据学生活动情况进行点评并完成教师评分，最后按自我评分 ×40%+ 教师评分 ×60% 计算得分。

表 4-6-4　学习单元评价表

学习单元	社会化媒体营销				
模块	评价内容	配分	自我评分	教师评分	得分
知识技能	了解社会化媒体营销的概念和特征	10			
	掌握社会化媒体营销方案的策划方法	10			
	了解社会化媒体营销的实施	10			
	能策划社会化媒体营销方案	10			
	能实施社会化媒体营销方案	20			
职业素养	具备信息收集和处理能力	10			
	具备一定的团队合作和沟通能力	10			
	工作态度认真、细致、严谨	10			
	具备一定的创新能力	10			
任务评价				合计得分	

学习单元 7　其他营销方式

学习目标

● 知识目标

1. 了解电子邮件营销的概念、功能和优势。
2. 了解搜索引擎营销的概念、原理和重要性。
3. 了解移动商务的概念、趋势。

● 技能目标

1. 能应用电子邮件营销技术。
2. 能注册与使用搜索引擎。
3. 能编写优质、有吸引力的网页标题和描述，吸引客户点击搜索结果。
4. 能通过移动推送和个性化内容吸引和留住移动客户，提升移动营销效果。

相关知识

一、电子邮件营销

1. 电子邮件营销的相关概念

（1）电子邮件营销

根据客户电子邮件地址资源的获取方式不同，电子邮件营销可主要分为内部列表电子邮件营销和外部列表电子邮件营销，也即利用内部列表和外部列表进行营销。内部列表也称为邮件列表，是基于网站客户自愿注册的电子邮件地址展开的营销活动。其常见形式涵盖新闻邮件、会员通讯以及电子刊物等。相对而言，外部列表电子邮件营销则是借助专业服务商提供的客户电子邮件地址开展营销活动。在此方式下，营销人员并不直接掌握客户的电子邮件地址，而是通过电子邮件广告的形式，向服务商的客户群体发送推广信息。电子邮件营销在网络营销中可作为一种相对独立的策略，它既能与其他网络营销手段相辅相成，也可单独实施。

（2）邮件列表

在探讨电子邮件营销时，邮件列表这一概念常被提及。邮件列表作为电子邮件营销的基础手段，在整个营销过程中扮演着举足轻重的角色。

邮件列表是网络上的一种重要工具，它促进了不同群体间的信息交流和信息发布。该工具的传播范围广泛，能够迅速向数十万互联网用户传递信息。其传递方式多样，包括主持人发言、自由讨论以及授权发言人发言等。邮件列表的使用相当简便，只要能够操作电子邮件，就能轻松运用邮件列表。目前，互联网上已存在众多的邮件列表，每个列表都围绕特定的讨论话题展开。

邮件列表不仅是互联网上的重要工具，更是电子邮件营销的核心手段和表现形式之一。它常被企业用于内部电子邮件营销，由专门的管理者负责管理，并向列表中的所有成员发送信息。这些信息的形式多样，主要包括新闻邮件、电子杂志以及电子邮件广告等。

2. 电子邮件营销的功能

电子邮件营销具有多重功能，以下是对其主要功能的归纳：

（1）塑造品牌形象

通过与客户保持长期联系，电子邮件营销有助于逐步塑造并强化企业的品牌形象。其规范与专业的特性在品牌形象构建中发挥着重要作用。由于品牌建设是一个持续性的过程，因此，长期稳定的内部电子邮件营销活动对于品牌形象的塑造具有重要的价值。

（2）推广与销售产品

电子邮件营销是推动产品宣传和销售的有力工具。鉴于其显著成效，它已成为主流的产品推广方式之一。部分企业甚至直接依据销售指标衡量电子邮件营销的效果，这反映出营销人员对通过电子邮件营销推动销售的深切期待。

（3）维护客户关系

相较于搜索引擎等其他网络营销手段，电子邮件首先被视作一种交互式的沟通工具，其次才是一种营销方法。这种独特性赋予了电子邮件营销在客户关系加固方面无法比拟的优势。与品牌影响力的提升相似，客户关系的强化也依赖于与客户的长期交流，而内部邮件列表则是实现这一目标的关键媒介。

（4）提供客户服务

电子邮件不仅被用于与客户沟通，还是一种高效的客户服务手段。借助内部会员通讯等方式，企业可以在降低成本的同时，提升客户服务的质量。

（5）推介网站

与产品宣传相似，电子邮件也是网站推介的有效渠道。与搜索引擎相比，电子邮件营销更具主动性，能够灵活地向客户推荐网站。其形式既可以是简洁的广告，也可以是新闻报道或案例分析等，从而吸引客户的注意力。

（6）共享资源

经过客户许可获得的电子邮件地址是企业的宝贵资源。这些资源不仅可重复使用，还可在一定范围内与合作伙伴共享，如进行相互推广或广告空间互换。深入挖掘这些资源的潜能，可以进一步提升电子邮件营销的投资回报率。

（7）开展市场调研

电子邮件是进行在线市场调研的常用方式，具备投放便捷、回收周期短、成本低廉等优势。可通过邮件列表发送调查问卷，或利用邮件列表收集原始调查资料。这种方式便于对客户进行筛选，提高问卷回收率，并降低被调查者的时间成本。

（8）增强市场竞争力

在所有网络营销手段中，电子邮件营销的信息传递最为直接、完整。它能够在短时间内将信息传递给所有客户，这在瞬息万变的市场竞争中显得尤为关键。电子邮件营销对于提升市场竞争力的价值是其前述功能的综合体现，充分认知并实施有效的电子邮件营销是企业增强市场竞争力的重要途径。

3. 电子邮件营销的优势

与传统直邮广告、电话营销等营销手段相比，电子邮件营销具有显著的优势，主要体现在低成本、个性化信息定制、高效率以及便于监测效果等方面。

（1）成本低廉

研究显示，电子邮件营销最显著的特点是低成本。无论是许可式电子邮件还是未经请求的垃圾邮件，其成本均远低于传统的直销方式，如直邮或电话营销。各种信息发送方式成本对比见表 4–7–1。

表 4–7–1　各种信息发送方式成本对比

市内电话	商业信函	电子邮件	企业自发电子邮件	手机短信息
0.2 元 /3 分钟	0.8～1.0 元 / 封	0.1～0.2 元 / 每邮箱	0.1 元左右 / 每邮箱	0.1 元 / 条

（2）回应率较高

除低成本外，电子邮件营销的另一大亮点在于其较高的回应率。尽管近年来回应率有所下滑，但相较于其他营销方式，其效果依然显著。

（3）增进客户关系

电子邮件营销不仅能实现促销功能，同时在促进客户关系方面也表现出色。例如，电子刊物不仅提供单向信息传递，更在商家与客户间搭建起双向交流的桥梁。直接将信息发送至客户邮箱，可以增强客户与商家之间的长期关系。

（4） 满足客户个性化需求

电子邮件营销能为客户提供个性化服务信息。客户可根据自身兴趣选择有用信息，并在不需要时随时退出。这种主动性选择提高了客户对接收信息的关注度，从而提升了营销效果。

（5）反应迅速，周期短

电子邮件的传递速度远超传统直邮广告。数万封电子邮件的发送仅需几秒至几小时，退信也能迅速返回。整个营销周期可在 1 日内完成，而直邮信函则需数日甚至更久。

（6）效果监测方便

相较于其他营销方式，电子邮件营销在效果监测方面具有明显优势，可根据需求监测送达率、点击率、回应率等多项数据。

（7）营销过程的保密性相对较高

与其他市场活动相比，电子邮件营销信息直接发送至客户邮箱，保密性相对较高，不易引起竞争对手注意。

（8）针对性强，减少浪费

电子邮件可精准投放给潜在客户，大幅降低营销费用。这些优势使得电子邮件营销逐年增长，甚至对传统直邮广告市场构成威胁。

4. 电子邮件营销技术的应用

电子邮件营销作为一种普遍的网络营销技术，对于企业与潜在客户及现有客户建立联系、推动销售及品牌推广具有显著作用。现列举电子邮件营销技术的几种主要应用：

（1）定制化营销策略

借助客户数据和行为分析，为不同的目标受众量身打造个性化的邮件内容。例如，根据客户以往的购买记录或浏览喜好，精准推荐相关产品或推出定制化促销活动。

（2）自动化邮件系统

通过自动化工具和软件，设定触发条件，实现特定邮件的自动发送。例如，新客户完成注册后，系统将自动发出欢迎邮件；当客户购物车内有未结算商品时，系统将自动发送提醒邮件。

（3）营销漏斗管理机制

设计不同的邮件序列，引导潜在客户按照预设路径逐步转化。例如，首先发送产品介绍邮件，接着提供详细信息，最后推出促销活动，促成购买行为。

（4）A/B 测试方法

应用 A/B 测试方法时，系统会发送两个或多个版本的邮件进行对比分析，确定哪

个版本更具效果。测试范围涵盖邮件标题、内容、展现形式等多个维度，旨在优化邮件效果及提升回报率。

（5）数据分析和追踪技术

利用邮件营销工具的分析功能，深入洞察邮件打开率、点击率、转化率等关键指标，从而全面评估邮件营销活动的成效，并根据实际数据进行相应的优化调整。

以上即为电子邮件营销中的几种常见技术应用。值得注意的是，具体的应用策略应根据不同行业特点和目标受众需求进行调整与优化。

二、搜索引擎营销

1. 搜索引擎营销的概念和作用

搜索引擎营销代表了一种网络营销模式。该模式的核心目的是推广网站、提升知名度，并通过搜索引擎的搜索结果，为企业开辟更优质的销售或推广渠道。实施此营销策略的关键在于根据用户使用搜索引擎的习惯，精准地将营销信息传递给目标受众。当用户通过搜索引擎检索特定关键词时，这通常意味着他们对该关键词所代表的内容产生了浓厚兴趣。例如，若某用户在百度搜索引擎中输入“数码相机”以检索相关信息，就可以解读为该用户对数码相机产生了兴趣，可能正打算了解或购买此类产品。对于数码相机厂商而言，如果其网站能够出现在搜索结果中，那么这将是一个向潜在客户或经销商展示企业信息的绝佳机会，从而实现信息的有效传递，这正是搜索引擎营销的核心所在。

在协助用户检索信息、实现网络营销信息传递的基础上，搜索引擎对网络营销的作用可进一步拓展至以下几个方面：

（1）网站推广

通过搜索引擎的推广功能，显著提升网站的访问量。

（2）产品推广

与网站推广相似，搜索引擎可以对特定产品进行有针对性的推广，使更多客户能够发现产品信息。尤其是通过购物搜索引擎等途径，用户可以对多种产品进行比较，从而为其购买决策提供有力的信息支持。

（3）提升企业 / 网站的网络品牌形象

鉴于搜索引擎拥有庞大的用户群体，它也可被视作一种网络广告媒体。相较于一般的基于网页的网络广告，搜索引擎广告具有更高的定位精准度。同时，搜索引擎还能作为在线市场调查的有力工具，在竞争者研究、用户行为分析等方面发挥重要作用。

（4）发现商业机会

通过搜索引擎，企业可以获取到各种通过网络发布的商业信息，经过筛选，可能会发现极具价值的信息。随着搜索引擎技术的持续进步，它对企业运营的影响日益加深，这也是网络营销中对搜索引擎予以高度重视的根源所在。

2. 搜索引擎营销的实施

搜索引擎营销的实施涉及三个主要步骤：搜索引擎注册、关键词选择以及搜索引擎优化。

（1）搜索引擎注册

新网站在互联网上发布之后，首要任务是进行搜索引擎注册，这一步骤也被称作搜索引擎登录或提交搜索引擎。该过程旨在将网站的基础信息提交至搜索引擎，从而提升用户访问量。多数搜索引擎提供免费注册服务，注册流程通常涵盖以下几个环节：

1）选择特定的搜索引擎，如百度。

2）验证网站所有权，确认企业对该域名的拥有权。

3）提交网站的网址，包括首页、频道页、栏目页等关键内容页面，并等待搜索引擎的收录。

（2）关键词选择

关键词是用户在搜索引擎中输入的查询词汇。对于企业而言，应选择与用户搜索意图紧密相关的关键词，吸引潜在客户。在选择关键词时，企业应关注以下几个方面：

1）挑选与网站内容高度相关的关键词。

2）倾向于选择具体、明确的关键词。

3）考量关键词的投资回报率，优先选择能带来实际转化效果的关键词。

（3）搜索引擎优化

为提升网站在搜索引擎中的排名并增加访问量，搜索引擎优化是不可或缺的步骤。优化的核心原理是依据搜索引擎的收录标准对网站进行技术调整。在进行搜索引擎优化时，应着重考虑以下要点：

1）避免过度依赖图片和动画，确保文本内容占据核心地位。

2）精准选定关键词，并合理控制其在页面中的出现频次。

3）优化网站的链接结构，包含内部交叉链接、引入链接及引出链接，提升搜索引擎的收录效率。

综上所述，搜索引擎优化是一项技术性工作，应随搜索引擎技术的演进而调整策略。然而，无论技术如何变迁，高质量的内容始终是提升搜索排名的基石。

三、移动商务营销

移动商务营销是指利用移动设备和移动互联网技术推动商业推广和销售活动的一种策略。其主要内容包括：

1. 移动应用推广

企业会自主开发或与合作伙伴共同推广其移动应用，通过多种渠道，如应用商店、社交媒体等，吸引客户下载并使用这些应用，进而提升品牌知名度和客户互动性。

2. 短信营销

通过短信方式推送促销信息，如优惠详情、折扣码或活动通知等，可以借助一对一短信或群发短信软件实现这一目的。

3. 移动搜索引擎优化

对移动网站进行优化，使其在移动搜索引擎中获得更高的排名和更多的流量。这涉及网站结构的调整、关键词策略的制定以及页面加载速度的优化等方面。

4. 移动广告投放

在不同的平台上（如移动广告网络或社交媒体等）购买广告位，展示各种形式的广告，如横幅广告、插屏广告或原生广告等。

5. 社交媒体推广

利用微博、微信等社交媒体平台发布营销信息，并与客户互动，增加品牌曝光度和客户参与度。

6. 位置营销

基于客户的地理位置信息，提供定制化的推广内容。这通常运用到 GPS 定位、地理围栏等技术，例如，向附近的客户发送优惠信息或活动通知。

学习活动

- 活动 1　收集本班学生的电子邮箱地址，利用电子邮箱创建邮件列表，发送女装调查问卷。
- 活动 2　注册百度搜索引擎关键词广告，设置推广费用，进行关键词选择。
- 活动 3　选择一个具体的产品或服务，并对所选产品或服务的竞争环境进行分析，考虑使用短信、移动广告、社交媒体等移动营销工具，最大程度地覆盖目标受众。

学习评价

根据学习单元评价表（见表 4–7–2），学生完成自我小结并进行自我评分，教师根据学生活动情况进行点评并完成教师评分，最后按自我评分 ×40%+ 教师评分 ×

60% 计算得分。

表 4-7-2　学习单元评价表

学习单元	其他营销方式				
模块	评价内容	配分	自我评分	教师评分	得分
知识技能	了解电子邮件营销的概念、功能和优势	5			
	了解搜索引擎营销的概念、原理和重要性	5			
	了解移动商务的概念、趋势	10			
	能应用电子邮件营销技术	10			
	能注册与使用搜索引擎	10			
	能编写优质、有吸引力的网页标题和描述，吸引客户点击搜索结果	10			
	能通过移动推送和个性化内容吸引和留住移动客户，提升移动营销效果	10			
职业素养	具备信息收集和处理能力	10			
	具备一定的团队合作和沟通能力	10			
	工作态度认真、细致、严谨	10			
	具备一定的创新能力	10			
任务评价				合计得分	

模块五 网络营销效果评估优化与维护

模块概述

随着互联网的不断演进，网络营销日益受到企业的关注。然而，如何评估网络营销的成效始终是企业所面临的一项挑战。每吸引一个客户，都伴随着大量的广告与人力资源投入。在竞争日趋激烈的电商领域，众多企业已逐渐将重心转向客户关系的稳固与维护。同时，网络舆情在企业公关工作中的重要性也日益凸显，如何妥善应对网络舆情危机、捍卫企业形象，已成为每个企业必须关注和深思的课题。

本模块将深入剖析网络营销效果评估的核心理念、具体评估手段、数据解读与优化策略，同时还将探讨如何稳固客户关系，以及有效应对网络舆情危机的公关技巧。

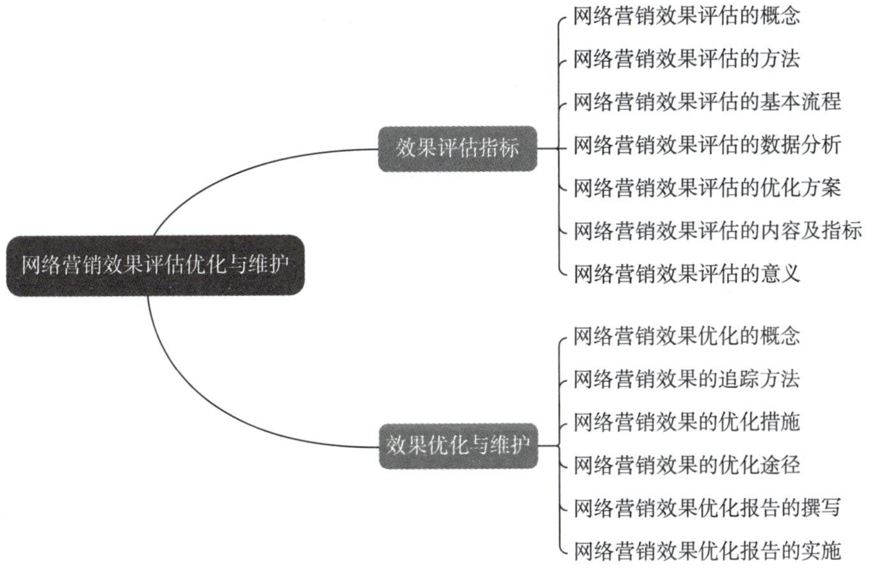

学习单元 1　效果评估指标

学习目标

- 知识目标

1. 了解网络营销效果评估的概念。
2. 了解网络营销效果评估的内容。
3. 熟悉网络营销过程评价的常见指标。
4. 了解网站访问流量指标和网站客户行为指标。
5. 理解网络营销效果评估的意义。

- 技能目标

能根据常见的网络营销效果评价指标正确评价网络营销的效果。

相关知识

一、网络营销效果评估的概念

网络营销效果评估指的是运用特定方法和工具，在网络营销活动开展后，科学地

分析和评估该活动的成效。这一过程的目的是优化营销策略、验证营销方案的准确性并完善执行方案。

二、网络营销效果评估的方法

1. 问卷调查法

问卷调查法是网络营销效果评估中最为常用的方法之一。通过对目标受众进行调查，了解其对产品或服务的认知度、态度和购买意向等情况，进而评估网络营销的成效。

2. 流量统计法

此方法通过统计和分析网站的关键指标，如访问量、转化率、转化成本和投资回报率，评估网络营销的效果。它不仅能帮助企业洞察客户访问的行为和偏好，还能发现存在的问题和改进空间，从而优化网络营销策略。

（1）流量指标

流量指标是衡量网站访问量的指标，包括访问量、独立访客数、页面浏览量等，这些指标反映了品牌的知名度和客户互动情况，构成网络推广的基础。

（2）转化指标

转化指标是衡量客户转化率的指标，如点击、注册、下载、购买等，这些指标体现了网络推广的实际成效，是决定网络广告投入成本的关键因素，并能有效度量营销效果。

（3）反馈指标

反馈指标是衡量客户反馈的指标，包括评价、留言、回复、投诉等，这些指标揭示了客户对品牌的认可度和满意度，是营销过程中的关键指标。

（4）社交媒体指标

社交媒体指标是衡量社交媒体营销效果的指标，如分享次数、点赞量、粉丝互动量等，这些指标是评估社交媒体营销效果的重要依据，反映了品牌在社交媒体平台上的影响力。

（5）投资回报率指标

投资回报率指标是衡量广告投资回报效果的指标，如投入产出比、广告收益率等。这些指标直接体现了企业在网络营销推广中获得的实际利润，是衡量网络营销推广效果的重要标准。

综上所述，关键指标的选择应依据业务目标和网络营销推广的具体情况确定，并应根据实际情况进行持续的调整和优化。同时，应通过数据分析及时了解网络推广的

效果，为制订更为有效的网络营销推广计划提供参考。

3. 数据分析法

数据分析法即通过分析客户的行为数据，如点击率、访问时间、购买时间和购买频率等，评估网络营销的效果。企业可通过数据分析，识别出最有效的营销手段，从而制定更为精准的营销策略。

三、网络营销效果评估的基本流程

企业在营销活动的每一个阶段，都应全面、综合地评价网络营销的运营状态及成效，以此为网络营销决策提供数据支持及优化方向。以下是网络营销效果评估的基本步骤：

1. 确定网络营销效果评价的指标

依据网络营销效果的评价对象和内容，明确影响网络营销效果的关键因素，并据此定义相应的评价指标。然后，根据指标的类别及其重要性，构建一个完整的指标体系。

2. 确定各个评价指标的重要程度

在整体评价指标体系中，不同的评价指标对于网络营销效果评价的重要性是有所差异的。因此，可以依据网络营销效果的评价目标，借助专家评审和对比分析等手段，从数量上确定各个指标的权重。

3. 确定各指标的量化评价标准

针对每个指标的具体含义和评价内容，制定评价该指标优劣的标准。例如，可以采用百分制，将指标的优劣程度与相应的得分相对应。

4. 收集评价所需信息资料

评价信息的获取途径主要有以下几种：一是企业内部财务、管理、销售、服务等部门提供的统计信息和数据；二是评价执行者通过咨询、访谈、经验推断等方式获取的数据；三是通过专项研究、专家评审、网络调研等活动收集的数据。

5. 对网络营销进行综合评价

基于收集到的评价信息和数据，对每个指标进行评分，再根据各评价指标的权重，对整个网络营销活动进行全方位的综合评价。

案例启示

大宝了解广告投放效果的方式

国内知名护肤品牌大宝隆重推出了以“滋润有俩宝，齐了”为主题的市场推广和广告宣传活动，主要推广大宝SOD蜜与SOD滋润霜两款产品。经过在网络媒体的一系列广告投放，该广告在受众关注度和活动参与度方面均取得了显著成效。为了深入了解广告的投放效果，大宝开展了一轮新的调查问卷活动。此次活动采用富媒体广告投放形式，旨在收集之前广告投放的效果以及广告投放后品牌接受度的变化数据。

项目分析：本轮调查问卷活动专门针对大宝上一轮“我的俩宝我的滋润”广告投放效果进行。在广告视窗的基础上，巧妙地融入了富媒体增值功能，从而呈现出引人入胜的调查问卷画面效果。整个调查问卷广告设计得十分人性化，翻页流畅，问题数量适中——共计6页10个问题，非常符合现代人快节奏、高效率的生活方式。投放重点主要集中在女性、娱乐及生活类网站，与上一轮广告的媒体策略保持一致。

此次大宝通过富媒体广告形式发布的调查问卷，平均点击率高达2.42%，广告点击与完成问卷的转化率接近10%，总参与人数超过3 000人。调查结果显示，对大宝品牌持有好感的人数占比高达77%，而了解这两款产品的人数也占到了60%。由此可见，通过此次调查问卷，大宝不仅验证了上一轮广告投放的显著效果，还进一步提升了受众对品牌的关注度和好感度。

四、网络营销效果评估的数据分析

1. 访问来源分析

深入分析访问来源，可了解用户通过哪些渠道访问网站，明确哪些渠道访问量领先，哪些渠道转化效果最佳。社交媒体、搜索引擎和其他营销活动均对访问来源有所影响，这为从不同角度审视网络营销效果提供了便利，因此此项分析不可或缺。

2. 客户行为分析

通过客户行为分析，可探知用户访问路径、页面停留时间及转化率等关键信息。诸如流量、点击量、页面停留时长和用户交互等数据，均为评估网站或应用性能的重

要指标。

3. 转化率分析

转化率分析可揭示多少访问者成功转化为潜在客户或实际客户。借助转化率数据，可发现网站存在的问题，如营销页面需要优化或降低跳出率等。

4. 搜索引擎和关键词分析

深入剖析营销活动流量统计数据，可对用户使用的搜索引擎及搜索关键词进行全面统计与分析，具体涵盖搜索引擎重要性、关键词使用频次、主流搜索引擎与关键词、长尾关键词分析，以及搜索引擎带来的流量占比等。这些数据揭示了用户搜索行为的特征，为优化搜索引擎营销策略提供了依据。

五、网络营销效果评估的优化方案

1. 调整营销方向

依据数据分析的详尽结果，可针对性地调整网络营销的侧重点，聚焦于那些已被证明有效的内容和策略，从而避免资源和时间的无谓消耗。

2. 提升用户友好度

应着重提升网站或应用的用户友好度，确保用户能够轻松获取并理解产品或服务的相关信息，进而优化用户的使用感受。

3. 持续优化

鉴于网络营销是一个持续演进的进程，必须对营销策略进行不断的优化与调整，适应市场动态，确保持续的竞争优势。

六、网络营销效果评估的内容及指标

网络营销的核心目标是促成产品购买，但鉴于其影响是一个逐步展开的过程，且成效不仅体现在销售数据上，因此，应从传播、经济及社会效果等多个角度进行综合评估。为确保评估的全面性，应依据营销活动的不同阶段进行详细分析。

1. 传播效果评估的内容及指标

从潜在客户首次注意到产品，到对其产生兴趣，再到形成购买欲望，并最终转化为实际购买行为，这一系列心理与行为的转变，正是营销学中的 AIDA 模型所描述的。具体而言，该模型中：A（attention）表示注意，即潜在客户首次接触并注意到广告信息；I（interest）表示兴趣，潜在客户对产品或服务产生深入了解的兴趣；D（desire）表示欲望，潜在客户形成购买意愿；A（action）表示行动，潜在客户决定购买并付诸实践。在评估网络广告的传播效果时，AIDA 模型的每一阶段均可作为关键的评估点。

AIDA 模型不同阶段与评估指标之间的对应关系，详见表 5–1–1。

表 5–1–1　AIDA 模型不同阶段与评估指标之间的对应关系

AIDA 模型的不同阶段	网络广告的传播效果评估指标
attention（注意）	广告曝光次数（媒体网站）
interest（兴趣）	点击量与点击率（媒体网站）
desire（欲望）	网页阅读次数（广告主网站）
action（行动）	转化次数与转化率（广告主网站）

（1）广告曝光次数

广告曝光次数即网络广告所在网页被访问的次数，通常通过计数器进行统计。若广告在网页的固定位置展示，其曝光次数越高，表明广告被观看的频率越高，从而获得的关注度也越高。然而，在以广告曝光次数作为指标时，需注意以下几点：

首先，广告曝光次数与实际浏览广告的人数并不等同。例如，在广告发布期间，同一浏览者可能多次访问展示同一广告的同一网站，因此他可能多次看到该广告。此时，广告曝光次数会超出实际浏览人数。又如，浏览者可能仅偶尔打开含有网络广告的页面，未真正浏览其内容便关闭了页面，这时广告曝光次数与实际阅读次数也不一致。

其次，广告的放置位置会影响每次曝光的实际价值。通常情况下，首页相较于内页会获得更多的曝光，但这些曝光未必都是针对目标受众。相反，内页虽曝光较少，却更具针对性，对目标受众的实际意义可能更大。

最后，一个页面通常不会仅展示一则广告，而是会同时展示多则广告。在此情境下，当浏览者浏览该页面时，其注意力会分散到多则广告上，这使得企业难以准确衡量每则广告曝光的实际价值。总体而言，单一的广告曝光次数并不能直接等同于广告受众的关注度。

（2）点击量与点击率

点击量即网络广告被浏览者点击的次数，能客观且精确地展现广告效果。将点击量除以广告曝光次数，便可得出点击率，这是用于评估网络广告效果的重要指标，体现了广告的吸引力。例如，若一个网页上的广告曝光了 5 000 次，而该广告被点击了 500 次，则其点击率为 10%。点击率不仅是衡量网络广告效果的基础指标，更是最直接、最具说服力的量化标准。一旦有浏览者点击了某个网络广告，这通常表明广告中的产品已引起其兴趣。与曝光次数相比，点击率对广告效果评估更具实际意义。但随着大众对网络广告认知的加深，点击率普遍出现下滑。因此，点击率已无法全面反映

网络广告的真实效果。

（3）网页阅读次数

浏览者在产生兴趣并点击广告后，会进入广告主的网站详细了解产品信息，进而可能产生购买意愿。点击网络广告后，浏览者将进入产品详细信息主页或广告主的官网。每次查看页面被称为一次网页阅读，而该页面的总查看次数被定义为网页阅读次数。此指标可衡量网络广告效果，从侧面反映广告的吸引力。但应注意，网页阅读次数与网络广告的点击量存在差异，这主要是由于点击广告后未实际浏览所打开网页。受技术限制，目前难以精确统计网页阅读次数。因此，常假设浏览者打开广告主网站后均会进行浏览，从而可用点击量估算网页阅读次数。

（4）转化次数与转化率

网络广告的核心目标在于推动产品销售。然而，点击量与点击率并不能全面反映网络广告对产品销售的实际影响，因此引入了转化次数与转化率的指标。“转化”被定义为受网络广告触动而引发的购买、注册或信息需求行为。据此，转化次数即指因网络广告影响而发生的购买、注册或信息需求行为的次数。转化率则是通过转化次数除以广告曝光次数得出。网络广告的转化次数涵盖两部分：一是浏览并点击网络广告后产生的转化行为次数；二是仅浏览而未点击网络广告所产生的转化行为次数。这表明，转化次数与转化率能够揭示那些仅浏览而未点击广告的效果。同时，值得注意的是，点击率与转化率之间并无明显的线性关联，因此转化率高于点击率的情况并不罕见。不过，目前在实际操作中，如何有效监测转化次数与转化率仍存在一定难度。通常情况下，将受网络广告影响所产生的购买行为次数视作转化次数。

2. 经济效果评估的内容及指标

（1）网络广告收入

广告收入模式在网络营销中属于最为普遍的盈利模式之一。企业在自有网站或应用程序中植入广告，即可依据点击量或展示量等方式获取相应收益。

（2）网络广告成本

CPM（cost per mille）即每千人成本，指的是广告展示 1 000 次所需支付的费用。其定价原则基于展示次数，这种定价方式与传统广告定价思路相一致。传统媒介常采用此计价方式。例如，若广告横幅的单价为 1 元 /CPM，意味着每 1 000 人次观看此广告将收取 1 元。依此类推，10 000 人次观看则收费 10 元。CPM 的计算公式为：

$$\text{CPM}=\text{总成本}/\text{广告曝光次数}\times 1\,000$$

CPA（cost per action）即每行动成本，是根据访问者对网络广告所采取的行动进

行收费的定价模式。此模式常用于推广注册类产品，如网络游戏、社交网站等。仅当客户通过点击广告并成功注册后，广告主才需支付费用。CPA 的计算公式为：

CPA= 总成本 / 转化次数

示例：某广告主在一定时期内为某产品的网络广告投入 6 000 元，该广告的曝光次数为 600 000，点击量为 60 000，转化次数为 1 200。据此计算：

每千人成本：CPM=6 000/600 000 × 1 000=10（元）

每点击成本：CPC=6 000/60 000=0.1（元）

每行动成本：CPA=6 000/1 200=5（元）

3. 社会效果评估的内容及标准

网络广告的社会效果主要体现为广告活动对社会文化、教育等方面产生的影响。在评估网络广告的社会效果时，必须遵循特定社会意识形态下的政治观点、法律规范、伦理道德以及文化艺术标准。网络广告的社会效果应依据法律规范标准、伦理道德标准和文化艺术标准进行综合考量。

整体营销活动的效果应根据不同的平台渠道，如微博营销、微信营销、社群营销、搜索引擎营销、短视频营销以及直播营销等，结合具体的营销目标，进行全方位的综合评估。

七、网络营销效果评估的意义

1. 为企业战略决策提供科学依据。
2. 为制定网络营销活动方案提供有力依据。
3. 助力企业确定最有效的网络营销方式及优化投入产出比。
4. 深入挖掘客户的潜在价值和终身价值。
5. 有效提升客户体验。
6. 指导设计和应用高效的个性化推荐系统。
7. 辅助制定切实有效的网络营销策划方案。

学习活动

● 活动 1　某品牌手机在微信广告平台进行了为期 23 天的广告投放，总投入达 100 万元，广告曝光次数累计达到 237 843 次，收获点击量 59 578 次，并回收有效问卷 10 176 张。此次广告宣传的产品定价为 4 500 元。广告播出后，统计数据显示当期销售量提升了约 800 部。基于此次营销活动的数据，请将表 5-1-2 补充完整以进行深入分析。

表 5-1-2 某品牌手机微信广告营销效果分析

数据指标	数值计算
广告曝光次数	
点击率	
点击量	
转化次数	
转化率	
网络广告收入	
每次点击成本	
每次行动成本	

● 活动 2 将计算得出的转化率数据与手机行业的市场平均转化率数据进行对比，分析此次微信网络营销的效果，并思考导致此效果的可能原因。

学习评价

根据学习单元评价表（见表 5-1-3），学生完成自我小结并进行自我评分，教师根据学生活动情况进行点评并完成教师评分，最后按自我评分 ×10%+ 教师评分 ×60% 计算得分。

表 5-1-3 学习单元评价表

学习单元	效果评估指标				
模块	评价内容	配分	自我评分	教师评分	得分
知识技能	了解网络营销效果评估的概念	10			
	了解网络营销效果评估的内容	10			
	熟知网站营销过程评价的常见指标	10			
	了解网站访问流量指标和网站客户的行为指标	10			
	理解网络营销效果评估的意义	10			
	能根据常见的网络营销效果评价指标正确评价网络营销的效果	10			

续表

模块	评价内容	配分	自我评分	教师评分	得分
职业素养	具备信息收集和数据分析能力	10			
	具备一定的团队合作和沟通能力	10			
	工作态度认真、细致、严谨	10			
	具备一定的创新能力	10			
任务评价				合计得分	

学习单元 2　效果优化与维护

学习目标

知识目标

1. 了解网络营销效果优化的含义。
2. 了解网络营销效果优化的内容。
3. 掌握网络营销效果优化的措施和途径。
4. 掌握网络营销效果优化报告的撰写流程。
5. 了解网络营销效果优化实施过程中的决策。

技能目标

能根据网络营销效果科学地判断优化实施时机和做出决策。

相关知识

一、网络营销效果优化的概念

网络营销效果优化指的是在营销活动开展后，相关人员需持续监测营销成效，评估活动的实际效果是否达到预期目标，并据此调整和优化营销策略及执行方案，确保实际效果与预期目标相吻合。

此外，网络营销效果优化还涉及根据投资回报率估算不同网络营销策略所带来的流量、订单金额及粉丝数等，并据此计算营销费用。当成本降低时，利润相应提高。

同时，应灵活地根据市场变化调整营销方式和预算，在预算成本相同的情况下，通过采用不同的营销渠道和预算比例进一步降低成本，从而为企业制定出最佳的营销方案。

二、网络营销效果的追踪方法

网络营销效果追踪是对营销活动成效进行监测和评估的关键过程。借助此追踪，企业能洞察网络营销的实际成效，进而灵活调整策略，提升转化率和整体营销效果。追踪方法主要有以下几种：

1. 流量传播效果追踪

利用企业自有网站、店铺或第三方流量分析工具，如日常数据报告、生意参谋、百度统计等，企业可获取关于流量、访问来源及访问路径的详细信息。通过深入分析这些数据，企业能够了解客户的访问与浏览行为，进而针对性地优化网站和店铺的设计与内容，以提升转化率。

2. 社交媒体效果追踪

在现今的网络营销中，社交媒体占据了举足轻重的地位。借助社交媒体分析工具，企业能够有效地追踪其在社交媒体平台上的表现，如粉丝增长数、内容分享数及推文互动数等。这些工具还能提供更深入的数据洞察，包括流量统计、用户兴趣偏好及行为模式等。目前，市场上已有诸多工具（微博数据中心、腾讯社交广告数据中心、百度指数、新榜及创作者中心等）可助力企业精准追踪社交媒体营销效果。

3. 电子邮件营销效果追踪

企业通过电子邮件向客户传递信息、推广产品与服务时，可利用电子邮件营销平台提供的分析工具进行效果追踪。这些工具能帮助企业了解电子邮件的打开率、阅读率及转化率等关键指标，从而指导企业优化邮件营销策略，最终实现网络营销转化率的提升。

三、网络营销效果的优化措施

网络营销效果的优化是一个过程，它基于对营销效果监测结果的细致分析，并据此做出针对性调整，目的是提升营销活动的成效和效率。优化措施有以下几个方面：

1. 流量传播优化

通过深入的流量追踪分析，企业能够洞察客户的访问与浏览行为，进而对网站设计和内容进行优化，提高客户满意度及转化率。流量传播优化可围绕以下几个关键点进行：

（1）页面设计优化

页面设计优化涉及网站的整体布局、色彩搭配、图像选择等方面，力求为客户呈现舒适且美观的视觉效果。

（2）网站内容优化

网站内容优化是指针对网站上的文字、图片、视频等多媒体内容，进行精心的策划与制作，确保客户在浏览时能够获取有价值的信息和知识。

（3）网站速度优化

网站速度优化即着重提升网站的加载速度和响应速度，通过技术手段减少客户等待时间，为客户提供流畅、高效的浏览体验。

2. 社交媒体优化

社交媒体作为网络营销的关键渠道，涵盖微博、微信、小红书、抖音等多个平台。借助这些平台，企业可以塑造自身品牌形象，推广产品及服务。社交媒体优化着眼于内容和个人资料，通过深入分析与策略调整，提升社交媒体营销的有效性。优化策略具体可从以下几方面进行：

（1）内容优化

针对在社交媒体上发布的内容、配图和视频进行优化，确保用户在浏览时能够获取有价值的信息，从而强化企业或产品的在线形象，提升品牌认知度。

（2）互动优化

针对社交媒体上用户与企业间的沟通交流方式进行优化，通过积极响应和贴心服务，让用户感受到企业的关怀。此举有助于加强与目标客户的联系，增强用户黏性。

（3）平台选择优化

结合企业产品特性和目标客户群体，精心选择适合的社交媒体平台进行推广，不仅能够提高潜在客户的定位精准度，还能有效提升品牌知名度，进一步扩大企业影响力。

3. 电子邮件营销优化

电子邮件是企业向客户传递信息、推广产品与服务的重要途径。为提升电子邮件营销的效果，可从以下几个方面进行优化：

（1）电子邮件内容优化

针对电子邮件的标题、正文内容、配图及链接进行全面优化，确保收件人在打开电子邮件时能够迅速获取有价值的信息。

（2）电子邮件发送时间优化

结合目标受众的生活习惯与时区差异，精心挑选最佳的电子邮件发送时机，从而增加电子邮件的打开率和转化率。

（3）电子邮件营销策略优化

依据电子邮件营销效果追踪数据，灵活调整电子邮件营销策略，进一步提升网络营销的整体转化率。

4. 搜索引擎优化和搜索引擎营销优化

搜索引擎在网络营销中占据重要地位。通过搜索引擎优化和搜索引擎营销，企业能够有效提升品牌知名度及产品或服务的市场曝光率。相关优化工作可从以下几个方面展开：

（1）关键词优化

依据客户实际搜索行为，精心挑选并优化关键词，提升网站在搜索引擎结果页中的排名。

（2）网站质量优化

通过提高网站内容的质量、增强外部与内部链接的有效性等多种手段，全面优化网站在搜索引擎中的评价，进而提高排名。

（3）竞价排名优化

在搜索引擎营销中，可采用竞价排名机制增加产品或服务的市场曝光率和点击率。此过程应精心选择关键词并制定合理的竞价策略。

综上所述，网络营销的优化工作应结合企业自身特点和目标客户群体的需求，围绕明确的营销目标及关键绩效指标，选定恰当的优化方案和策略。通过持续调整与优化，最终实现营销效果的最大化。

四、网络营销效果的优化途径

1. 使用营销自动化工具

借助营销自动化工具，企业能够高效实现网络营销流程自动化，从而提升营销效果。这类工具能够依据受众的行为偏好和兴趣点，智能地推送电子邮件、社交媒体动态及其他相关营销内容。

2. 通过 A/B 测试优化

A/B 测试作为一种方法，通过对比两个不同版本，判定哪个更具效果。在网络营销领域，A/B 测试适用于对比评估不同的营销策略。利用 A/B 测试的结果，企业能够明确哪个策略更为有效，并据此调整策略。

3. 与客户交流并收集反馈意见

企业应主动与客户建立沟通渠道，积极收集客户反馈。这可以通过在线问卷、社交媒体交流及在线客服系统等多种方式实现。通过此类互动，企业能够深入了解客户对当前网络营销策略的感知，同时掌握客户对产品和服务的实际需求与期望。客户的反馈有助于企业进一步优化网络营销策略。

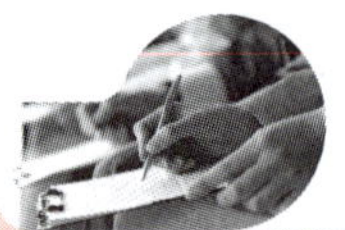

案例启示

淘宝某家居百货店铺网络营销效果优化案例

淘宝某家居百货店铺商品种类繁多。尽管每次新品上架都在摄影和后期制作上投入了大量精力，并设置了商品自动上下架以利用自然流量，但营销效果并不理想。店铺的搜索排名靠后，导致商品展示和曝光的机会有限。为改变这一状况，店铺决定通过优化措施提升店铺和商品的搜索排名，增加商品转化率，所采用的工具为“服务市场—宝贝团营销”。

通过实施一系列优化措施，店铺和商品的排名得到了显著提升，进而增加了店铺的权重，有效提升了商品的转化率。最终，这家店铺新品上市后的营业额成功突破 1 万元，实现了业绩增长。

五、网络营销效果优化报告的撰写

网络营销效果优化报告是基于初步方案实施后，结合监测结果与反馈，对优化过程进行全面总结和深入分析的文档。网络营销效果优化报告包括方案目标、优化流程、评估准则、改进措施，以及结论与建议等五个维度的内容。

1. 阐明方案目标

报告中应详尽阐述设定的目标及其实现状况。例如，若目标是提升产品销售量，则应详细描绘销售量的变化趋势、目标达成的时间点及途径等。同时，也应分析所设目标是否契合实际需求及其执行状况，并探讨是否需要进行进一步的调整或完善。

2. 梳理优化流程

此部分应详细描述从初步方案到优化措施的整个过程。首先，列明初步方案及其存在的问题；其次，清晰阐述针对这些问题所采取的优化措施及其实施细节；最后，

综合评估各项优化措施的成效与影响。这一流程的详细记录可为后续的优化工作提供有力的参考。

3. 确立评估准则

报告中必须明确用于衡量方案优化效果的标准和指标，并据此进行数据筛选与处理。以客户满意度提升为例，可以通过客户调研结果、投诉率及客户留存率等指标全面评估优化效果。同时，报告应提供不同评估标准下的效果对比，更客观地展现方案的改进成果。

4. 提出改进措施

此部分应深入剖析方案中的不足，并以数据为支撑进行详细说明。针对这些问题，报告应提出具体的改进措施，并详细描述其实施情况和效果。通过这些改进措施，为未来优化工作指明方向。

5. 总结结论与提出建议

在综合分析整个优化过程的基础上，报告应得出对方案的总体评价和结论。同时，针对仍存在的不足之处，报告应提出具有针对性和可操作性的改进建议，为方案的进一步完善提供有力支持。

六、网络营销效果优化报告的实施

网络营销效果优化报告的实施在企业营销的后期阶段占据举足轻重的地位。此阶段的核心任务是根据优化后的方案采取具体行动。这涵盖了依据优化建议选定恰当的营销渠道、推广内容及策略，并对相关资源进行合理调配，同时做好团队组织安排，确保企业保持强劲的市场竞争力。

● 活动 1　请根据表 5-2-1，结合关键词、热搜词分析拆解原标题，进行关键词分类后将表 5-2-2 补充完整。

表 5-2-1　优化前商品信息

原标题	妈妈冬装羽绒服长款洋气外套棉衣中老年女装保暖棉袄
所属类目	女装 / 女士精品 / 中老年女装
展现量	9 436
点击量	397

续表

点击率	4.21%
成交量	29
转化率	7.3%
商品属性	产品名称：大码女装 品牌：麦子熟了 适用年龄：40～49 周岁 尺码：XL　2XL　3XL　4XL　5XL 中老年女装图案：动物图案
商品属性	中老年风格：时尚 领型：连帽 中老年女装分类：羽绒服 衣门襟：拉链 颜色分类：紫罗兰　灰色　黑色　砖红色　橘红色　藏青色 袖型：常规 填充物：白鸭绒（71%～80%） 组合形式：单件 货号：M184–200 年份季节：2024 年冬季 穿着方式：开衫 厚薄：厚 衣长：短款 服装版型：直筒 服装款式细节：绣花 销售渠道类型：纯电商（只在线上销售） 材质成分：聚酯纤维（100%）

表 5–2–2　标题拆解优化

原标题	妈妈冬装羽绒服长款洋气外套棉衣中老年女装保暖棉袄
有流量无转化的词	
有转化无流量的词	
有转化有流量的词	
无转化无流量的词	
新标题	

● 活动 2　请将优化后的新标题数据填写在表 5-2-3 中，将该数据与原标题数据进行对比，并将优化标题的关键词分析思路总结成文字内容写下来。

表 5-2-3　新标题效果

新标题	
所属类目	女装 / 女士精品 / 中老年女装
展现量	
点击量	
点击率	
成交量	
转化率	
分析与总结	

学习评价

根据学习单元评价表（见表 5-2-4），学生完成自我小结并进行自我评分，教师根据学生活动情况进行点评并完成教师评分，最后按自我评分 ×40%+ 教师评分 ×60% 计算得分。

表 5-2-4　学习单元评价表

学习单元	短视频营销				
模块	评价内容	配分	自我评分	教师评分	得分
知识技能	了解网络营销效果优化的含义	10			
	了解网络营销效果优化的内容	10			
	掌握网络营销效果优化的措施和途径	10			
	掌握网络营销效果优化报告的撰写流程	10			
	了解网络营销效果优化实施过程中的决策	10			
	能根据网络营销效果科学地判断优化实施时机并做出决策	10			

续表

模块	评价内容	配分	自我评分	教师评分	得分
职业素养	具备分析、思辨、判断、决策能力	10			
	具备沟通交流和合作解决问题的能力	10			
	工作态度认真、细致、严谨	10			
	具备一定的创新能力	10			
任务评价				合计得分